经济管理学术文库 • 经济类

装备制造业的集群式创新与区域联动

Cluster Innovation and Regional Linkage in Equipment Manufacturing Industry

简晓彬／著

经济管理出版社
ECONOMY & MANAGEMENT PUBLISHING HOUSE

图书在版编目（CIP）数据

装备制造业的集群式创新与区域联动/简晓彬著．—北京：经济管理出版社，2019.8
ISBN 978－7－5096－6671－5

Ⅰ．①装…　Ⅱ．①简…　Ⅲ．①制造工业—工业发展—研究—中国　Ⅳ．①F426.4

中国版本图书馆 CIP 数据核字(2019)第 122932 号

组稿编辑：何　蒂
责任编辑：何　蒂　朱江涛
责任印制：黄章平
责任校对：董杉珊

出版发行：经济管理出版社
（北京市海淀区北蜂窝 8 号中雅大厦 A 座 11 层　100038）
网　　址：www. E－mp. com. cn
电　　话：（010）51915602
印　　刷：三河市延风印装有限公司
经　　销：新华书店
开　　本：720mm×1000mm/16
印　　张：14
字　　数：204 千字
版　　次：2019 年 9 月第 1 版　　2019 年 9 月第 1 次印刷
书　　号：ISBN 978－7－5096－6671－5
定　　价：58.00 元

本书得到以下科研项目和平台资助：

教育部人文社会科学研究规划基金项目（15YJA630021）：新常态下制造业价值链攀升机理及路径研究；

江苏省软科学研究计划项目（BR2017004）：江苏装备制造业的集群式创新与区域联动对策研究；

江苏省哲学社会科学基金项目（17EYB003）：生态优先战略下苏北工业化发展路径研究；

江苏省重点培育智库：江苏师范大学“一带一路”研究院；

江苏省哲学社会科学研究基地：江苏省淮海发展研究基地；

江苏省决策咨询研究基地：江苏区域协调发展研究基地。

前　言

装备制造业发展水平是一个国家综合国力的重要体现，重大装备制造更是成为事关国家经济安全、国防安全的战略性产业，而集群发展则是全球装备制造业发展的客观趋势。经过改革开放40年的发展，我国装备制造业规模已经超过20万亿元人民币，稳居全球装备制造业之首，产业发展整体趋势向好，科技创新能力不断增强，产业结构持续优化，质量品牌实力大幅提升，国际经贸合作逐步深化。但总体看，我国装备制造业大而不强、自主创新能力薄弱、关键零部件及核心技术受制于人、基础制造水平落后、产业集聚程度偏低、低水平重复建设等问题依然突出，在全球价值链的地位总体上偏低。随着以美国、欧盟为首的西方发达经济体“制造业回流”和“再工业化”战略的提出及其对制造业的重新认识和定位，以及发展中国家和地区加快工业化进程的迫切需求，装备制造业已经成为全球制造业价值重构、竞争格局改变和创新驱动的主战场。特别是我国经济发展进入新常态，外需萎缩、内需转型引致产能过剩，要素成本上升、资源及环境约束压缩企业利润空间，使装备制造业的持续发展与转型升级面临严峻挑战。因此，研究装备制造业集群式创新与区域联动的机理及路径，对于明确我国装备制造业发展现状及存在问题，推动装备制造业转型升级与高质量发展等具有重要意义。

本书主要研究装备制造业集群式创新与区域联动的理论与实践，以我国东部沿海装备制造业大省——江苏省为例，分析装备制造业空间集聚现状，评价产业集群式创新效率，剖析集群式创新的影响因素及瓶颈制约，从学习机制、产学研合作机制、组织机制、利益共享机制四个方面探究装备制造业集群式创新的内在机制。进而阐释装备制造业集群式创新与工匠精神培育的互促关系，论述装备制造业集群式创新与先进制造业发展及基地培育的互动关系及作用机理。在此基础上，以江苏省内苏北、苏中、苏南三大区域为例分析装备制造业集群式创新的区域联动机制，并对"一带一路"背景下装备制造业国际产能合作的目标及任务进行解析。最后，基于全书理论分析与实证研究的过程及结论，把握纷繁复杂的国际国内环境带来的机遇与挑战，凝练提出装备制造业集群式创新的重要路径及政策建议。

按照"绪论→集群式创新相关理论→集群式创新现状及效率→集群式创新内在机制→工匠精神培育→先进制造业发展→区域联动机制→国际产能合作→路径与对策"的逻辑顺序，本书研究的主要内容如下：

（1）在概述研究背景、研究意义及梳理国内外研究现状基础上，本书从装备制造业内涵、产业集群理论、产业创新理论、集群式创新理论及区域联动理论等方面概述了集群式创新相关理论。本书重在强调，装备制造业作为典型的资本、技术和劳动三要素密集型产业，具有产业链长、产业关联度大、技术构成复杂、配套零部件多样化、地域集聚明显等特征，需要通过地理位置上的集中或网络化联结形成创新链并产生创新集聚效应。产业创新是技术和技能创新、产品创新、流程创新、管理创新（含组织创新）和市场创新等多元创新的系统集成，旨在充分利用政府、企业、社会等多方面资源和能力促使产业发展实现质的飞跃的创新活动。集群式创新具有鲜明的地方结网性、区域联动性、资源共享性、互利共生性、协同竞争性等主要特征，由此带来主导产业及关联产业的规模化、集群化、创新化快速发展。

（2）运用采用修正区位商（产业集群度系数）、空间基尼系数、DEA－Malmquist 指数、超效率 DEA 等模型方法，定量测度和分析装备制造业空间集聚程度、集群式创新效率及影响因素，并以徐工集团为例进行案例分析。研究表明，江苏装备制造业存在明显的产业集聚现象，其集群式创新全要素生产率呈明显上升态势，行业整体技术进步的特征较为明显，但以研发创新、管理创新为特征的纯技术效率提升缓慢，企业规模偏小及生产性服务业发展滞后，科技创新投入及网络化联结水平不高，制约了集群式创新效率的进一步提升。而从企业案例看，产业科技创新能力不强、产品信息化、智能化水平不高、集群企业规模偏小、企业分工协作水平偏低，是制约企业集群式创新的主要障碍。

（3）运用社会网络分析、三螺旋理论、数据包络分析（DEA）等模型方法，从学习机制、产学研合作机制、组织机制、利益共享机制四个方面探究装备制造业集群式创新的内在机制并进行实证检验。研究表明，在徐州工程机械产业集群式创新学习网络中，徐工集团居于整个学习网络的核心，拥有更大的学习创新主导性和影响力，是产业集群式创新学习网络的主要引领者，需要充分发挥徐工集团的创新引领作用，积极发挥网络骨干企业的中坚传导作用，全面加强同集群外部先进科技企业的学习合作，主动借助互联网放大集群式创新核心优势。装备制造业产学研合作主要有项目纽带合作、联合技术中心、科技园区、企业附属研究院等模式。而从合作效率看，东部地区装备制造业产学研合作效率总体上要高于中西部地区，排名前五的依次是广东、北京、上海、重庆、江苏，排名靠后的主要是西藏、山西、宁夏、甘肃、内蒙古。江苏装备制造业产学研合作效率总体较高，但与广东、北京、上海、重庆等省市相比仍存在一定的差距。

（4）在装备制造业高质量发展的时代使命中阐述工匠精神的内涵及发达国家的经验借鉴。工匠精神包含着创新精神、精品意识、合作精神、契约精神等丰富多元的人文内涵，其核心是锲而不舍的创新精神和追求卓越的精品意识，基础是分工互利的合作精神和诚实守信的契约精神。坚守工匠精神铸就大国重器，装备制造业的创新发展尤其需要工匠精神。从国际经验看，雄厚的产业基础，高超的技术，富有职业素养的劳动力，开拓创新的企业家精神和高明的管理人员，共同铸就了美国工匠精神的内核；对产品或专业一以贯之的专心、专注，标准主义、精确主义、秩序主义和厚实精神的内在统一，创新和质量的执着追求和全民参与，以及对职业教育的高度重视，成为德国工匠精神的主要内涵；视质量不好为耻辱，把从事的工作视为有灵气的生命体，坚守寂寞、淡化成本、刻苦钻研，是日本工匠精神的基本内涵和重要特质，更是日本知名企业历经百年仍享誉全球的根本原因。农耕精神的制约、商业精神的挤压、虚拟经济的冲击，制约了我国工匠精神的形成、培育和发展。新时期，要加快建设工匠制度、重塑工匠文化、加快相关配套建设，打造中国工匠精神。

（5）运用系统分析、比较分析、面板数据等模型方法，从装备制造与先进制造业的交叉融合中分析先进制造业培育机制及路径。先进制造业具有技术先进、知识密集、附加值大、成长性好、带动性强等特征。实证研究表明，江苏先进制造业总规模明显大于广东、山东、浙江、上海等省份，先进制造业占比总体上要高于山东和浙江，但与广东尤其上海相比仍存在不小的差距。需要建立和完善创新驱动、技术标准先行、要素流动与集聚、产业布局优化、资源环境及要素成本倒逼、国内外竞争与合作等相关机制，培育壮大先进制造业基地，促进江苏先进制造业持续快速发展。从路径选择看，需要加快自主创新，打造江苏先进制造业全球知名品牌；实施标准化战略，争创江苏先进制造业国际标准话语权；推行先进制造模式，构建以智能制造为重点的江苏新型制造体系；优化区域产业布局，提升江苏先进制造业集群化水平。

（6）运用区位商、比较劳动生产率、产业联系潜力等模型方法，从产业联动机制、知识技术共享机制、政府合作机制、要素流动及优化配置机制四个方面分析装备制造业集群式创新的区域联动机制。研究表明，苏中与苏南在电气机械及器材制造业、金属制品业、专用设备制造业、交通运输设备制造业等产业上存在较大合作潜力；苏北与苏南在通用设备制造业、专用设备制造业、通信设备、计算机及其他电子设备制造业、仪器仪表制造业等产业上存在较大合作潜力；而苏北与苏中作为欠发达区域，在交通运输设备制造业、仪器仪表制造业、电气机械及器材制造业、金属制品业等产业上也存在一定的合作潜力。要持续深化南北挂钩合作，加快推进“1 +3”功能区建设，建立完善区域信息互动、产业合作和利益协调机制，努力破除要素流动的体制机制障碍，培育区域合作发展的市场机制，营造成熟、开放的市场经济环境，推动不同区域装备制造业显性知识的转移共享和隐性知识的地域集聚及外溢共享，促进装备制造业集群创新发展所需的资金、知识、技术、人才等要素的区域流动和优化配置。

（7）在江苏作为“一带一路”交汇点的定位中阐述江苏推进装备制造国际产能合作的主要任务。重在充分发挥区位优势良好、产业基础雄厚、科教资源丰富、人力资源密集等优势，主动抢抓“一带一路”建设机遇，把境外合作园区作为江苏企业“走出去”的重要平台，加快建设国家级、省级境外合作园区，探索建立江苏“两国双园”“两国多园”“多国多园”的国际经贸合作新模式，聚力打造江苏发展大会、世界物联网博览会、世界智能制造大会、两岸企业家峰会、中国（南京）软博会、中国（连云港）丝绸之路国际物流博览会等重大开放平台，着力推进江苏工程机械、轨道交通、新型电力、船舶和海洋工程等装备制造业“走出去”发展，全力推动装备制造业国际产能合作和跨区域集群式创新发展。

（8）基于前文研究结论，从强化知识技术支撑，建立集群式创新学习交流网络，壮大生产性服务业规模，加大核心企业培育及政策扶持力度，建立区域产业联动机制，规范和完善科技中介组织，加强区域创新软环境建设等方面提出装备制造业集群式创新与高质量转型发展的主要路径及对策建议。

本书的主要特色或创新点包括：

（1）准确测度装备制造业集群式创新现状及效率是一件极其困难的工作，现有文献中尚没有一个权威、客观的测度方法。作者尝试运用产业集群度系数、空间基尼系数、DEA - Malmquist 指数、超效率 DEA 模型等多种定量研究方法，对装备制造业集群式创新现状及效率进行测度、比较和分析，力图科学客观地评价我国装备制造业集群式创新状况。

（2）在理论分析基础上，综合运用社会网络分析、三螺旋理论、数据包络分析（DEA）等模型方法，从学习机制、产学研合作机制、组织机制、利益共享机制四个方面探究装备制造业集群式创新的内在机制并进行实证检验，增强了学术研究的理论性、科学性、创新性。

（3）加快发展先进制造业是我国由制造大国迈向制造强国的战略选择。本书在界定先进制造业概念及内涵基础上，从产业交叉融合视角分析先进制造业发展及基地培育机制，对装备制造业与先进制造业之间既存在交叉又存在区别的互促关系进行深入分析，进一步阐明了二者之间的相互关系及作用机理。

（4）装备制造业资本技术密集的行业特征在很大程度上倒逼产业集群式创新，而集群发展是地域集聚的必然结果，地域集聚客观上要求通过区域联动促进产业优化布局和集群发展。为此，本书把产业集群式创新与区域联动相结合进行研究，试图探究区域联动促进装备制造业集群式创新的机理及路径，积极探索符合中国国情的装备制造业转型升级道路，成为本书研究的重要特色和一大创新。

加快装备制造业集群式创新、推动装备制造由大变强是中国成为世界制造中心之后面临的一大长期、复杂的艰巨任务。在这样一个背景和使命任务下，应当承认，本书还存在许多不足，在后续研究中应不断加以完善。尽管著作立足以江苏省为例，搜集了大量相关资料和数据，对装备制造业空间集聚现状、集群式创新效率、影响因素、创新机制、区域联动、国际产能合作等进行了翔实研究。但是，研究的结论是否具有共性，是否需要研究更多的省份或者全国整体以增强全面性和有效性，如何构建装备制造业集群式创新的长效机制，区域联动的动力机制何在，面临哪些阻力，在强化市场决定作用的同时如何发挥政府的引导作用，是否应该进一步从微观企业层面进行深入研究，等等，这些问题都是作者后续研究中需要考虑的主要方向。同时，由于作者知识水平及资料收集的限制，书中难免存在疏漏和不足之处，恳请专家及同行给予批评指正！

简晓彬

2019 年 4 月于江苏师范大学

目　录

第一章 绪 论

第一节 研究背景

装备制造业发展水平是一个国家综合国力的重要体现，重大装备制造更是成为事关国家经济安全、国防安全的战略性产业，而集群发展则是全球装备制造业发展的客观趋势。自 1998 年中央经济工作会议首次正式提出装备制造业概念以来，特别是国务院及相关部委《关于加快振兴装备制造业的若干意见》（2006 年）、《装备制造业调整和振兴规划》（2009 年）、《中国制造 2025》（2015 年）、《装备制造业标准化和质量提升规划》（2016 年）等政策文件实施以来，我国装备制造业发展明显加快。重大技术装备自主化水平显著提高，国际竞争力进一步提升。具有传统规模优势的汽车、发电设备、数控机床等重点产品产量继续领先全球。以新型传感器、智能控制系统、工业机器人、自动化成套生产线为代表的智能制造装备发展势头良好，增长速度远高于全行业平均水平。高端装备自主研发成果显著，部分产品技术水平和市场占有率跃居世界前列，对国民经济发展的支撑和保障能力进一步提高。统计表明，经过改革开放 40 年的发展，我国装备制造业规模已经超过20万亿元人民币，稳居全球装备制造业之首，产业发展整体趋势向好，科技创新能力不断增强，产业结构持续优化，质量品牌实力大幅提升，国际化经贸合作逐步深化。

但总体看，我国装备制造业大而不强、自主创新能力薄弱、关键零部件及核心技术受制于人、基础制造水平落后、产业集聚程度偏低、低水平重复建设等问题依然突出，在全球价值链的地位总体上偏低[1][2]。随着以美国、欧盟为首的西方发达经济体“制造业回流”和“再工业化”战略的提出及其对制造业的重新认识和定位[3]，以及发展中国家和地区加快工业化进程的迫切需求，装备制造业已经成为全球制造业价值重构、竞争格局改变和创新驱动的主战场。特别是，我国经济发展进入新常态，外需萎缩、内需转型引致产能过剩，要素成本上升、资源及环境约束压缩企业利润空间，使装备制造业的持续发展与转型升级面临严峻挑战。2015年3月，李克强总理在《中国制造2025》战略设想中明确提出了装备制造业未来发展的十大重点领域[4]，既全方位描绘了我国高端装备制造产业发展的路线，同时也强调了要重视“四基”发展，提升制造业基础能力。2017年10月，党的十九大报告提出，我国经济已由高速增长阶段转向高质量发展阶段，要加快建设制造强国，加快发展先进制造业，支持传统产业优化升级，加快发展现代服务业，推动互联网、大数据、人工智能和实体经济深度融合，并将“促进我国产业迈向全球价值链中高端，培育若干世界级先进制造业集群”作为贯彻新发展理念，建设现代化经济体系的重要目标和任务之一。2017年12月，习近平总书记在视察徐工集团的讲话中进一步指出，装备制造业是制造业的脊梁，要加大投入、加强研发、加快发展，努力占领世界制高点、掌控技术话语权，使我国成为现代装备制造业大国。由此可见，我国装备制造业将在传统和高端两个领域齐头并进，既要通过加大研发投入，保证尖端技术的不断突破，也要推进现有企业转型升级。其重要途径，就是推动装备制造业的集聚集群和创新发展，促进我国装备制造业的转型升级和高质量发展。

从江苏来看，自2009年省政府出台《江苏省装备制造业调整和振兴规划纲要》（苏政发〔2009〕75 号）以来，江苏装备制造业发展明显加快，全省各地依托各类产业开发园区，不断加大特色装备产业培育发展力度，形成了一批特色产业集群。统计表明，至“十二五”末，江苏全省已拥有装备行业特色产业园区 40 多家，其中，南通海工装备、宜兴环保装备等 9 个园区（基地）获批成为国家新型工业化示范基地，新认定的省级高端装备制造业特色和示范产业基地 33 家，这推动了全省装备制造业的创新发展和布局优化。但总体看，作为我国装备制造业发展的典型代表和一个缩影，江苏装备制造业在取得长足发展的同时，也面临一些共性突出问题：一是大型智能成套重大装备偏少，与国外先进水平相比还有明显差距；二是行业旗舰型领军企业欠缺，品牌知名度和市场影响力有待进一步提升；三是自主创新能力不足，关键核心技术、核心基础零部件仍需大量依赖进口；四是集群发展水平不高，产业链、创新链、价值链协同能力有待进一步提高。

基于装备制造业的战略地位和江苏装备制造的典型性、代表性，本书以江苏为主要实证对象，通过研究装备制造业集群式创新与区域联动的机理及路径，试图回答以下问题：

（1）如何测度和衡量装备制造业集群式创新现状及效率？

（2）影响装备制造业集群式创新的主要因素有哪些？面临哪些瓶颈制约？

（3）装备制造业集群式创新的内在机制是什么？与工匠精神培育及先进制造业发展之间的互动关系如何？

（4）区域联动如何促进装备制造业集群式创新？“一带一路”倡议下如何推进装备制造国际产能合作？

（5）装备制造集群式创新的路径与方式有哪些？

第二节 研究意义

一、理论意义

（一）拓展装备制造业升级理论

传统装备制造业升级理论关注的主要是产业结构调整、主导产业选择、产业链拓展延伸、高端装备制造发展等问题，对经济全球化和区域一体化背景下装备制造业空间集聚与转型升级的内在机理研究不够。因此，利用产业经济学、区域经济学、新经济地理学、管理学、制度经济学等学科知识，对装备制造业空间集聚与转型升级的影响因素、动力效应、作用机理、制度设计等问题进行系统研究，可以丰富和拓展装备制造业升级理论，为装备制造业的高质量发展提供理论支撑。

（二）深化产业集群理论

现代区域经济的发展表明，产业集群已经成为区域经济竞争力特别是产业竞争力的重要来源。装备制造业具有产业链长、产业关联度大、技术构成复杂、配套零部件多样化等特征，集群发展已经成为全球趋势，进而成为产业科技创新的重要载体和平台。因此，从装备制造业空间集聚特征、集群创新效率、作用机理、区域联动机制方面等进行系统研究，可以拓展和深化产业集群理论，促进装备制造业的集聚集群与创新发展。

二、实践意义

（一）促进我国装备制造业升级

党的十九大提出加快建设制造强国的使命任务，并将“促进我国产业迈向全球价值链中高端，培育若干世界级先进制造业集群”作为贯彻新发展理念和建设现代化经济体系的重要目标和任务之一。迫切要求改变我国装备制造业长期以来大而不强的尴尬局面，实现中国制造向中国创造的华丽转变。装备制造业是大国重器，是科技创新的主战场，是立国之本、兴国之器、强国之基。推动我国装备制造业的集群式创新发展，提升装备制造业的自主创新能力和国际竞争力，既是我国显著增强综合国力、保障国家安全、建设世界强国的必由之路，也是装备制造业持续健康发展的客观要求。

（二）推动江苏装备制造高质量发展

作为我国经济相对发达的省份，江苏装备制造是全国装备制造业的典型缩影，改革开放，特别是20世纪90年代以来，江苏装备制造业加快发展，形成了一定的特色和优势，保持了全国领先地位，但仍然面临较大压力。一方面，国际金融危机后发达国家纷纷实施制造业回归和再工业化战略，力图抢占高端制造市场并不断扩大竞争优势，江苏装备制造企业引进人才技术、加强产业合作、推动创新升级的难度进一步加大；另一方面，以苏北、苏中、苏南为突出的区域发展差距，关系到全省“两个率先”“强富美高新江苏”等战略目标的实现。因此，推进装备制造业的集群式创新与区域联动发展，既是“十三五”时期江苏建设“一中心、一基地”（具有全球影响力的产业科技创新中心和具有国际竞争力的先进制造业基地）的目标要求，也是推动“江苏高质量发展走在全国前列”的重大使命。具体而言，通过本书的研究，可以探究江苏装备制造业集群式创新的机制、路径及对策，促进苏北与苏中、苏南装备制造业的区域联动发展，推动装备制造业的自主创新、结构调整、产业升级和布局优化，加快产业结构由中低端向中高端发展，为江苏建设具有全球影响力的产业科技创新中心和具有国际竞争力的先进制造业基地提供重要支撑。

（三）为我国其他省市装备制造业升级提供有益借鉴

本书主要以江苏为例进行实证分析，作为我国装备制造业大省，江苏装备制造是全国装备制造的一个缩影。因此，探讨通过优化省内外资源配置，促进装备制造业集聚集群与创新发展，推动产业攀升价值链中高端，不仅对江苏装备制造业的高质量发展意义重大，也对我国其他省市乃至全国的装备制造业升级具有重要的借鉴和参考意义。

第三节　研究现状

一、文献梳理

（一）国外研究

国外学者就产业集群促进创新的机理及效应进行了广泛研究，主要包括以下几个方面。

1. 地理邻近对集群创新及中小企业成长的促进机理

Baptist 和 Swarm 认为，地方化的集群创新网络比跨国技术联盟更能持久，如美国硅谷和欧洲产业集群的成功，其原因是地理邻近带来了可以维持并强化技术创新所需的支撑因素，如文化认同和相互信任等[5]。Sri Herliana 认为，区域创新体系是国家创新体系的组成部分，中小企业对国民经济发展做出了重要贡献，以集群方式促进中小企业成长是提高中小企业竞争力的重要途径，而中小企业集群发展壮大有利于进一步促进区域创新，当然这需要产学研的有机结合[6]。

2. 集群创新网络系统的构成与发展

Cooke 认为集群创新系统由具有明确地理界限和行政安排的创新网络与机构组成，这些创新网络和机构以正式和非正式的方式相互作用，从而不断提高内部企业的创新产出[7]。从区域视角看，Heim 和 Isaksen 认为，区域创新系统是由企业、科研院所、金融保险等支撑机构环绕的区域集群[8]。Hite 和 Hesterly 认为，初始阶段产业集群要素结构及创新网络较为简单，“快速获取创新资源”成为这一阶段产业集群创新网络活动的首要动机[9]。Jones 和 Bell 认为，随着网络技术的日趋发展和网络化组织的日益兴起，由不同创新主体合作而形成的创新网络成为企业技术创新活动新的组织形式，并日益成为集群创新能力和竞争优势的重要源泉[10][11]。Valentina 等对俄罗斯集群经济的研究认为，创新集群是一个通过协同作用促进自我发展的动态系统，它不仅要反映产业的初始配置，而且要考虑到现有的资源、基础设施和市场条件，形成一个有前途的产业和技术方案的具体体系；集群政策是俄罗斯经济创新发展的优先方向之一，提供税收优惠将有助于显著降低与集群互动相关的风险；创新集群发展的预期结果之一应该是提高人力资本的质量，以便在国内外市场形成能够提高经济水平和实施突破性技术的创新企业[12]。Luciana 和 Francesco 研究发现[13]，在集群的早期形成阶段，社会网络和制度相近是最相关的决定因素，而认知和地理近邻则在随后的发展阶段产生影响并随着时间的推移而放大，表明创新网络最初通常是在企业之间稳定关系的网络中孵化出来的，主要建立在（制度上）同质的合作伙伴之间，但随着集群的发展，网络超过了这个“孵化器”而导致竞争加剧，合作伙伴变得更加多样化。

3. 集群创新中知识技术的产生与传播机理

Boschma 和 Weating 认为，集群衍生企业数量趋稳，往往引致从其他行业和区域吸引来的行为主体数量逐渐增加[14]。Boschma 和 Iammarino 认为，随着衍生企业数量的增多，新进入的行为主体会为本地注入新的活力，如新产品和新技术，这有助于集群创新能力的提高；而行为主体的集聚和结网，可能产生和诱发知识的外溢，从而促进本地知识的产生和扩散[15]。Cristóbal Casanueva 等对集群内企业隐性和显性知识传播的研究发现，企业在组织间网络中的地位可能影响集群创新效率，在产品创新的情况下，企业在隐性和显性知识网络中的中心地位特别重要，但结构漏洞的影响较弱；这一发现通过解释知识网络中职位的战略管理如何提高企业的创新绩效，有助于推动集群中社会网络与创新的协同发展[16]。Cassandra C. 和 George C. S. 以区域软件企业为例对中国集群企业的创新绩效和外部知识来源的研究表明，与传统的距离衰减和地理邻近的观点相反，作为企业创新外部知识来源的本地和非本地供应商、客户和竞争对手之间没有显著差异[17]。

4. 集群创新系统的管理与绩效提升

Jinho 等基于真实世界、无尺度、宽广尺度和单尺度三个代表性网络研究创新集群中整个组织的学习绩效，认为集群的网络结构对集群的学习性能有重要影响，其中无尺度网络表现出最好的学习绩效，保持长期多样性的适当开放可提高集群组织学习绩效[18]。Tayfun 和 Zafer 对土耳其集群经济的研究认为，土耳其正处于创新的转型期，集群发展是重要路径，但集群面临的最具挑战性的问题是企业进行战略合作的愿望，因为企业不愿意开放自己的资源与竞争对手共享；然而，集群最重要的优势之一是鼓励集群企业通过战略合作降低经营风险，促进业务快速增长，可见集群对企业绩效具有积极影响[19]。Niusha 等认为，数字技术加速了从基于加工制造的新古典经济向基于创新和知识生成的新经济的转变，创新集群应进一步重视满足知识产业和工人的需求，包括特别关注基于质量的问题来吸引他们，在规划、设计和管理创新集群时需要考虑地方质量属性[20]。

（二）国内研究

国内学者主要就产业集群式创新内涵及特征、互联网影响、动力机制、区域联动效应等进行了诸多研究，具体包括以下几个方面。

1. 集群式创新的内涵及特征

刘友金认为，互联网时代产业集群式创新具有分布范围扩大、集群边界模糊、组织形式虚拟化等特征[21]。刘春芝等认为，集群式创新是提升集群内企业技术创新能力和创新绩效、进而提升装备制造业竞争力的有效路径[22]。张新杰认为，集群在本质上是企业之间的分工网络结构，分工网络中企业纵向、横向的合作创新扩大了创新发生的概率和商业应用价值，但其实现程度有赖于集群内学习机制、组织机制和利益机制的完善和有效运行[23]。石明虹、胡茉认为，集群式创新是产业组织形式创新和技术创新的统一体，它以集群内的分工与协作为基础，发挥着集群创新的载体效应和创新激励效应，它既需要集群内企业、研究机构等高度集中的创新行为和创新模式，又需要与集群密切相关的政府支持与中介机构参与，从而提高整体创新绩效，有利于推出重大突破性创新成果[24]。Yu - Shan Chen 等对台湾自行车产业技术创新与集群发展互动关系的实证研究认为，自行车产业集群不仅降低了集群企业之间的交易成本，而且由于自行车零部件的标准化和模块化，增加了自行车制造商与其合作伙伴之间的合作和效率，表明产业集群提高了信息交换效率，使得技术创新的溢出效应更为显著[25]。

2. 集群式创新的网络结构及作用机理

范群林等从节点度、中介中心度和结构洞三个维度分析装备制造业集群的创新网络结构嵌入性对企业创新能力的影响，发现集群企业的结构洞特征对企业创新能力增长存在显著的正向关系，而节点度及其网络中介中心度对企业创新能力的增长不存在正向影响[26]。李慧从集群系统开放性、集群主体异质性和创新过程动态化的综合视角，研究构建以核心企业为主导，以核心企业、科研机构和专家型公司、政府及科技创新服务机构等为关键成员，以知识为关键要素，具有核心层、支撑层和外围层三个层次的立体化创新网络系统，并对该创新网络中各关键成员的重要作用、成员间相互关系、创新网络的结构特征及其运行机制进行分析[27]。邵云飞等以德阳装备制造业集群创新网络为例，具体研讨了我国西部装备制造业集群网络的结构特征及其对集群创新能力的影响，认为产业集群网络的整体结构特征在一定程度上决定了集群内知识和信息的传递[28]。高菲等提出，“单核式”与“多核式”是中卫型产业集群的两种基本网络结构，多核式中卫型产业集群网络结构具有多个中心结点、内部合作关系密切、结点凝聚成小团体、中心结点相互关联等特征；而对沈阳装备制造业集群网络结构的实证研究发现，各产业部门的核心企业充当了集群网络的中心结点，同一产业部门的企业密切合作组成凝聚子群，核心企业之间关联紧密形成核心区，这些网络结构特征是其获取生产协作、资源配置和知识创新等竞争优势的重要保证[29]。吕国庆、曾刚等认为，产业集群创新网络演化可以分为初始、裂变、集聚和重组四个阶段，地理邻近、社会邻近、认知邻近三种邻近性综合作用于创新网络结网与知识流动[30]。唐书林等引入空间计量模型探讨我国企业集群的社会网络结构存在的空间模仿现象，并利用新的网络特征——空间集聚结构修正社会网络分析结果，以考察网络嵌入对产学研区域协同创新的真实影响；结果表明，关系联结规模和中介中心度有助于提高区域协同创新水平，三大海洋装备集群的集群结构存在明显的空间模仿效应，在连续性知识空间内更多地表现为邻近效应，在间断性知识空间则表现为异质效应[31]。

3. 集群式创新的影响因素及作用机理

朱秀梅构建高技术企业集群式创新微观理论模型对长春软件产业集群的研究表明，隐性知识溢出、企业潜在吸收能力和实现吸收能力与企业创新绩效正相关，吸收能力调节知识溢出与企业创新绩效的关系，集群外部社会资本与显性知识溢出正相关，集群内部结构、关系资本与隐性知识溢出和显性知识溢出正相关[32]。张勇军等以知识管理能力为中介变量构建网络结构、知识管理能力与企业竞争优势三者关系的概念模型，以黑龙江装备制造业为例进行实证研究，结果表明，网络的稳定性和密度只是进行知识创新的一个外在环境条件并发挥间接影响，网络中心度对知识获取、知识共享和知识创造具有直接影响作用，企业应通过知识管理能力中介作用激发知识创新能力碎片，驱动创新机制，增强企业竞争优势[33]。姜明君等分析了装备制造业集群知识管理模式的构成要素，并设计出知识联盟、区域知识管理与竞合互动知识管理三种装备制造业集群知识管理模式，并以长春汽车产业集群为例进行实证分析，认为长春汽车产业集群知识管理模式应该以知识联盟模式为主，以区域知识管理模式和竞合互动知识管理模式为辅[34]。侯广辉认为，企业集聚有效治理了创新所面临的不确定性，从而提升了集群创新绩效，但当前产业集群普遍存在创新能力低下的问题，需要强化集群式创新的制度变迁与资源配置战略；集群式创新的制度变迁取决于影响创新的供求关系，包括信息成本、要素价格、技术进步等影响因素，提升集群式创新绩效需要更有利于创新的制度安排出现[35]。

4. 集群式创新的动力机制及效应

尹贻梅等认为，企业衍生是集群创新网络演化的主要动力，衍生企业部分地继承母公司的知识、能力和发展路径，保证了区域产业活力和知识、信息的流通，促进了创新及知识在本地的扩散[36]。孟令岩等研究产业集群对技术创新扩散的动力效应，认为产业集群内信息、人才的流动和对创新利润的追求构成技术创新扩散的内在动力，产业集群可以形成促使技术创新扩散的支持网络，与产业集群配套的发达的专业市场成为技术创新扩散的外部平台和桥梁[37]。Yuan - Chieh Chang & Min - Nan Chen 对台湾 300 余家电子服务企业集群的研究表明，现代服务业是装备制造业集群创新的重要动力，服务企业集群创新包括三种新模式，即耦合创新轨迹、形式与信息可接近性的联合使用，以及密切的用户参与，服务制度设计对区分企业和行业中特定的服务创新集群具有重要作用[38]。

5. 集群式创新与区域联动的路径及模式

李慧认为，产业集群创新网络应以核心企业、科研机构和专家型公司、政府及科技创新服务机构等为关键成员，以知识为关键要素，构建具有核心层、支撑层和外围层三个层次的立体化创新网络系统[27]。石明虹、胡茉认为，集群式创新是合作式创新的一种新的高级形式，产业链、价值链和知识链是集群式创新的三大核心关系纽带，三链的演进、互动与耦合贯穿于集群式创新路径选择的主要路径中，据此可以将集群式创新的路径分成四种基本模式，即龙头企业引领模式、多企业竞争带动模式、政策扶植推动模式和产业技术创新战略联盟模式[24]。林兰从集群权力分层视角出发，以德国化学工业和汽车、光伏重工产业为例研究重化工业集群创新模式及其空间组织形态变化，发现德国重化工业空间布局呈显著弱地理邻近分布效应，其空间集聚形态已非传统意义上的产业集群，而是依托更大空间尺度的产业集聚带，有着基于对综合性知识和共性技术扩散共同需求的区位指向，其核心企业因对创新合作者的高度选择权而呈现“孤岛效应”布局[39]。在区域联动促进集群创新方面，徐子青通过构建区域联动发展评价体系，探讨了区域联动发展的评价方法[40]。林兰等以集成电路产业为分析对象，系统研究了长江三角洲区域产业联动的实践[41]。林建永等从装备制造业的总体发展水平、增长速度、产业绩效等方面研究长三角装备制造业发展态势及两省一市的区域差异，认为装备制造业规模、经营绩效、综合竞争力等方面的差异是两省一市的主要差异，应通过区域联动优化布局，促进集群发展[42]。王海飞则根据双核结构理论探讨了兰州—西宁经济区空间联动的三种模式，即双核联动、双圈内联和轴线联动[43]。许露元、邹忠全基于复杂网络分析的视角分析广西和越南装备制造业集群跨国合作机制，发现广西与越南的装备制造业集群的合作日益深化，在发展初期具有较大的网络密度，随着节点企业数量的增多密度有所下降并最终趋于平稳，显示出整体的合作网络具有较强的鲁棒性[44]。

二、文献评价

从文献梳理可以看出，由于装备制造业是我国提出的特有概念，国外学者大多从一般制造业集群或具体的制造业某一行业集群出发研究集群创新问题，较为关注地理邻近对集群创新及中小企业成长的促进机理、集群创新网络系统的构成与发展、集群创新中知识技术的产生与传播机理、集群创新系统的管理与绩效提升等问题，特别是对集群创新网络系统以及知识技术的管理关注较多。其主要观点包括，集群发展是制造业（特别是装备制造业）创新发展的全球趋势；集群内不同行为主体的集聚和结网可能产生和诱发知识的外溢，从而促进本地知识的产生、扩散和传播；不同创新主体合作而形成的集群创新网络成为企业技术创新活动新的组织形式，并日益成为集群创新能力和竞争优势的重要源泉；因此，要加强集群创新系统的知识技术管理，提升产业集群创新的效率和效益。

从国内研究看，自1998年中央经济工作会议首次正式提出装备制造业概念以来，特别是国务院及相关部委相继出台并实施《关于加快振兴装备制造业的若干意见》《装备制造业调整和振兴规划》《中国制造2025》《装备制造业标准化和质量提升规划》等政策文件以来，我国装备制造业发展明显加快，但仍然面临装备制造业大而不强、自主创新能力薄弱、产业集聚程度偏低等突出问题，这引起了政府、企业及学界的极大关注。综合来看，国内学者主要就装备制造业集群式创新的内涵及特征、集群式创新的网络结构及作用机理、集群式创新的影响因素及作用机理、集群式创新的动力机制及效应、集群式创新与区域联动的路径及模式等问题进行了广泛研究。其主要观点包括：集群式创新是产业组织形式创新和技术创新的统一体，它以集群内的分工与协作为基础，发挥着集群创新的载体效应和创新激励效应；产业集群网络结构具有多个中心结点、内部合作关系密切、结点凝聚成小团体、中心结点相互关联等特征，地理邻近、社会邻近、认知邻近三种邻近性综合作用于创新网络结网与知识流动；网络中心度对知识获取、知识共享和知识创造具有直接影响作用，产业集群内信息、人才的流动和对创新利润的追求构成技术创新扩散的内在动力；产业集群创新网络应以核心企业、科研机构和专家型公司、政府及科技创新服务机构等为关键成员，通过区域联动促进产业链、价值链和知识链的协同融合发展。

国内外研究现状表明，当前国内外学者在装备制造业集群创新内涵及特征、网络结构及作用机理、影响因素及动力效应、系统管理及区域联动等方面进行了诸多研究。但是，发达国家的经验不能完全适应发展中国家，国内研究中涉及装备制造业集群式创新效率、内在机制与区域联动等方面的研究较少，这些因素的叠加，为本书的系统深入研究提供了新的空间。基于此，本书在概述装备制造业集群式创新相关理论、剖析集群式创新现状及问题的基础上，着力探讨装备制造业集群式创新的内在机制、工匠精神培育、先进制造业发展、区域联动机制、国际产能合作等系统性问题，寻求推动装备制造业集聚集群与高质量发展的路径、模式及对策。

第二章　装备制造业集群式创新的相关理论

第一节　装备制造业的内涵及特征

装备制造业是为满足国民经济各部门发展和国家安全需要而制造各种生产和技术装备的产业总称，是推动国家和地区经济发展的基础性、战略性产业。按照国民经济行业分类（GB/T4754—2017）并结合研究需要，本书研究的装备制造业包括金属制品业，通用设备制造业，专用设备制造业，交通运输设备制造业（包括汽车制造业以及铁路、船舶、航空航天和其他运输设备制造业两个行业），电气机械和器材制造业，计算机、通信和其他电子设备制造业，仪器仪表制造业等7个大类（两位数编码）66个中类（三位数编码）行业。

作为资本、技术和劳动三要素密集型产业，装备制造业具有产业链长、产业关联度大、技术构成复杂、配套零部件多样化、地域集聚明显等特征，其发展质量和水平往往成为衡量一国先进制造技术、工业水平、科技水平的重要标志，进而反映一国综合经济实力和对外竞争力，在推进产业科技创新、支撑产业转型升级过程中处于关键核心位置，因而受到党和国家的高度重视[45]。自 2006 年国务院出台《国务院关于加快振兴装备制造业的若干意见》（国发〔2006〕8 号）以来，我国装备制造业发展明显加快，各地依托各类产业开发园区，不断加大装备产业培育发展力度，形成了一批特色产业集群，推动了我国装备制造业的持续快速发展，但产业大而不强、自主创新能力薄弱、关键零部件及核心技术受制于人、基础制造水平落后、产业集聚程度低、低水平重复建设等问题依然突出，需要具有较强技术能力的大中型企业进行技术集成和引领创新。随着以美国、欧盟为首的西方发达经济体“制造业回流”和“再工业化”战略的提出及其对制造业的重新认识和定位[3]，以及发展中国家和地区对加快工业化进程的迫切需求，装备制造业已经成为全球制造业价值重构、竞争格局改变和创新驱动的主战场。另一方面，由于装备制造业在产品和技术上有着极强的配套要求，大中小企业基于产业关联形成的空间集聚程度远高于其他制造业行业[46]，通过空间集聚促进产业规模化、集群化、创新化发展已成为全球装备制造业发展的客观趋势。

第二节　产业集群理论

经济全球化和要素自由流动背景下，产业集群现象日益受到人们的关注，对产业集群的研究已经成为热点。特别是 20 世纪 90 年代以后，产业集群已成为国家和地区提升产业竞争力和促进区域经济发展的重要研究对象。典型的如意大利的东北部和中部地区（又称“第三意大利”）、德国的南部地区、美国的硅谷和 128 公路地区、英国的剑桥工业园、印度的班加罗尔地区、法国的安蒂普利斯地区、日本的筑波科技城、中国台湾地区的新竹，等等，无不因其产业集群发展所显示的强大竞争力而闻名于世。现代区域经济发展的实践表明，产业集群发展与区域经济竞争力提升呈良性互动关系，产业集群不仅可以成为当地经济发展的主导力量之一，而且也可以成为优化区域产业布局、提高区域产业竞争力的新动能。

一、产业集群的内涵

迈克尔·波特认为，产业集群是指基于产业关联和设施共用，一系列企业和专门化供应商、服务提供者等相关机构在特定区域地理上紧密联系而形成的聚集群体[47]。产业集群本质上可以认为是一种社会网络，是由集群内行为主体（包括企业、大学、科研机构、政府机构等）在业务合作、人才流动、交换资源、信息传递活动过程中发生联系时有选择地建立各种关系的总和。这些关系有时是基于共同的社会文化背景和共同信任基础上结成的非正式关系；有时发生在市场交易或知识、技术等创造过程的正式合作关系中。产业集群网络的基本构成要素是众多的节点和节点之间的相互关系，在网络型组织中，节点是由企业、机构和中介组织或是它们的混合组成，每个节点之间都以平等身份保持着互动式联系。如果某一项目标需要若干个节点的共同参与，那么它们之间的联系会有针对性地加强。从网络的对象和内容看，与集群有关的网络有学习网络、信息网络、生产网络、创新网络、营销网络、文化网络和制度网络等；从范围来看，有集群内部网络、外部网络和国际网络等[48]。良好的产业集群网络有助于形成合理的产业集群生产经营机制，促进网络中企业的竞争力和产业集群竞争力的相互依存和共同提升。

产业集群是区域创新网络的一种重要实现方式。创新是区域经济发展的根本动力，但是由于创新活动的复杂性，单个企业难以有效地开展创新活动，往往需要多个相关企业的协同作用和共同参与，形成创新网络，这一要求恰好为产业集群的网络特性所体现。首先，产业集群内部的企业、科研机构、中介组织等行为主体通过市场需求、专业知识、科技信息、研发人才等方面资源的交流互通和共享，可以形成创新的重要来源和重要物质基础；其次，集群内相关企业的内外竞争，在共同应对压力的同时往往激发各个企业奋勇争先的创新动力，从而形成创新网络的精神支撑；最后，集群内企业之间基于产业技术经济联系形成的社会网络关系，使得关联企业、科研机构及中介组织之间更容易形成一个相互学习的整体，在降低学习成本的同时提升集群学习的进程及效率，最终促进集群及区域创新网络的形成及发展。

二、产业集群的主要特征

产业集群具有专业化的特征，集群中的成员企业包括上游的原材料、燃料、机械设备、零部件和生产服务等投入供应商，下游的销售商及其网络、需求客户，侧面延伸到互补产品的制造商、技能与技术培训和行业中介等关联性企业以及基础设施供应商等。从空间上看，产业集群一般具有明显的地理集聚特征，关联产业及其相关辅助支撑性企业以及相应支撑机构（如地方政府、行业协会、金融部门与教育培训机构等）在空间上集聚，形成一种柔性生产综合体，往往表现或代表着区域核心竞争力[49]。

产业集群的空间集聚优势可以从三个不同角度得到体现：从纯经济学角度看，集聚优势主要体现在规模经济和范围经济，即不同企业分享公共基础设施并伴随垂直一体化与水平一体化过程所带来的成本降低和利润增长，从而形成产业集群竞争的基础；从社会学角度看，空间集聚可以降低交易费用，即建立在共同产业文化背景下的人际信任基础上的经济网络关系，可以维持老客户，吸引新客户和生产者前来；从技术经济学角度看，产业集群有利于促进知识和技术的创新和扩散，实现产业技术和产品创新[49]。

三、产业集群的相关概念辨析

从产业集群的内涵与特征出发，有必要辨清以下几个相关概念：

（1）产业集中与产业集群。产业集中是指某一产业内规模最大的几个企业在整个产业内的份额，是产业组织研究的一个重点。产业集中可以通过绝对集中指标和相对集中指标来反映，绝对集中指标通常用某一产业内规模最大的几个企业的某项指标（如市场占有率等）在整个行业中的占比来反映，从中可以看出规模最大的几个企业对整个行业的垄断程度；而相对集中指标主要以洛伦茨曲线或基尼系数来衡量，可以反映整个产业内所有企业的集中程度。一般来讲，如没有特别说明，产业集中主要反映产业内企业垄断程度的高低，而与产业的空间分布没有直接关系，同时也没有对产业内企业间联系进行特别关注。因此，产业集中与产业集群的概念相差比较远，两者没有直接联系。

（2）产业集聚与产业集群。集聚是指事物的空间集中过程。产业集聚是指产业在空间上的集中分布现象，是经济地理学的研究重点之一。产业集聚主要研究产业的空间分布形态，特别注重产业从分散到集中的空间转变过程。产业集聚在某一共同空间发展，可以共享基础设施，带来规模经济收益。产业集聚与产业集群关系密切，但是两者又有区别。产业的空间集聚可以形成产业集群，但是并不是所有的产业集聚都可以形成产业集群。虽然有的产业集聚在一起，但是相互之间没有联系，就不能形成产业集群。因此产业集聚只是产业集群形成的一个必要条件，而非充分条件。

（3）产业链与产业集群。产业链是一个十分传统的概念，是指某种产品从原料、加工、生产到销售等各个环节的关联，主要是指产业间基于投入产出等技术经济联系而形成的产业协作关系，如钢铁业与汽车产业形成的上下游协作关系。早在1958年赫希曼的《经济发展战略》就从产业的前向联系和后向联系的角度论述了产业链的概念。目前，与产业链相关的还有价值链、生产链、供应链、商品链等不同概念。价值链是哈佛大学商学院教授迈克尔·波特于1985年提出的概念，他认为，企业的价值创造既包括内部后勤、生产作业、外部后勤、营销服务等基本活动，也包括原料采购、研发设计、人力资源管理和企业基础设施等辅助活动，二者的共同作用构成企业价值创造的整个动态过程，即价值链。在价值链理论的基础上，迪肯（Dicken）认为，生产链即商品形成的流程及确定参与的主体及其活动，意在阐明在某种商品或服务生产过程中能增加价值的系列功能不同，但相互作用的生产活动的集合。供应链主要聚焦于原材料及产品流动，是以核心企业为主导，以信息流、物流、资金流的控制为媒介而将供应商、制造商、分销商、零售商、最终用户等联结一体的功能网链结构。商品链则是以商品为中心，包括从原材料投入、劳动力供应、生产组织、产品运输、市场销售直到最终消费等一系列商品活动的网链结构。可见，这些概念从不同的角度对产业内及产业间的联系进行了阐述。与产业集群相比，产业链及相关的价值链、生产链、供应链、商品链等不同概念主要强调产业之间的联系，而对于产业以外的机构如商会、协会、中介机构等关注较少。此外，产业链等相关概念也没有空间集聚的含义。产业集群的概念则要比产业链等相关概念丰富得多，它既包括产业间的联系，还包括产业及其他相关机构间的联系，而且更强调空间的集聚。

（4）产业园区与产业集群。产业园区是为促进某一产业（或某部分产业）发展而创立的特殊区位环境，是加快产业结构优化、推动区域经济快速发展的重要空间聚集形式，担负着聚集生产要素和创新资源、培育新兴产业、推动城市化建设等一系列重要使命。早期的产业园区主要是工业园区。我国的工业园区建设是与经济技术开发区建设密切相关的，1984 年中央开始在沿海地区设立经济技术开发区，当时国家对开发区的基本要求是“三为主、一致力”，即以工业为主、以出口为主、以利用外资为主，致力于高新技术产业发展。随着不同类型不同级别的开发区在我国全面涌现，各种类型的工业园区也相应建立起来。工业园区建设的初衷是以利用外资为主，园区内的工业主要以区外企业为主。因此，工业园区是典型的外力驱动型经济增长方式。正因为如此，部分工业园区在发展过程中没有很好地考虑自己的区域背景，致使园区的产业定位与周边地区相脱节，缺少与当地企业的联系，不能实现园区与所在区域产业的联动发展，影响园区的可持续发展。与工业园区不同，产业集群强调产业之间的紧密联系，是依靠内力发展的理论。比如在有的工业园区内，由于企业之间的联系非常密切而逐步形成了产业集群。因此，工业园区为产业集群形成提供了空间，能否形成产业集群则要看企业之间的关联状况。当然，随着现代区域经济的快速发展和产业调整升级的加快，产业园区的类型已由早期的单一工业园区演进到现在的农业园区、工业园区、现代服务业园区竞相发展的全新格局，如新产业区、国内、国外的自由贸易区等新型园区形态。

（5）地域生产综合体与产业集群。地域生产综合体（Territorial Productive Complex）是苏联学者提出的一个重要概念，指在一定地域范围内，影响和促进经济发展的各个因素（土地资源、矿产资源、水资源、自然条件与经济条件等）和各个部门（农业、工业、交通运输业、商业服务业、文化教育和科学研究等）之间相互联系、相互制约的生产地域总体（或称地域系统）。它是社会生产力空间组织的一种形式，是社会劳动地域分工高度发达的产物，也是构成经济区的物质技术基础。一般而言，地域生产综合体是为共同解决地区国民经济发展问题而有计划地建立起来的，并集中于比较紧凑的地域范围内，该区域拥有发展地区经济专门化部门所必需的自然资源，从而促进综合体内各部门（专业化部门、辅助性部门、自给性部门）按比例协调发展。可以看出，苏联的地域生产综合体理论强调在计划条件下的相对均衡布局，总体经济实力的均衡是建立在不同区域基于自身优势的主导产业综合体上，各级政府在区域发展中发挥的作用不同，导致生产有等级之分。与地域生产综合体理论不同，产业集群的基点并非区域发展的平衡性，而是强调发挥区域各种资源要素的整合能力、突出技术进步与技术创新、追求有利于发挥区域比较优势的发展道路。如中关村具有人才优势，则着力发展信息产业；而旅游资源丰富的地区可以发展旅游业；城郊地区可以发展花卉业等。再如浙江温州地区，人多地少、矿产资源匮乏，但温州人依靠强烈的市场意识和吃苦耐劳的拼搏精神，从劳动密集型产业起步，实行“一镇一品”的产业集群战略，不仅是我国经济充满活力的地区，而且培育了一大批具有市场竞争能力的大中型企业，产品远销国内外市场，甚至形成一些著名品牌[49]。

第三节　产业创新理论

产业创新理论起源于奥地利经济学家熊彼特（Schumpeter，J. A，1939）提出的“创新”概念和理论。熊彼特认为创新就是把一种从来没有过的生产要素和生产条件的新组合引入生产体系，实现创新的途径主要靠企业的创新行为，特别是有创新性的企业家精神和掌握先进技术和生产能力的垄断企业。可以看出，技术创新是熊彼特研究的核心内容。

弗里曼（1997）是第一位系统提出产业创新理论的学者，他和罗克·苏特（LucSoete）合著的《工业创新经济学》（*The Economics of Industrial Innovation*，1972）的发表，为产业创新理论的发展奠定了初步的基础[50]。弗里曼认为，产业创新是一个系统的概念，是技术和技能创新、产品创新、流程创新、管理创新（含组织创新）和市场创新等多元创新的系统集成，是企业突破已结构化的产业约束，运用技术创新、产品创新、市场创新或组合创新等来改变现有产业结构或创造全新产业的过程，是企业创新的最高层次和归宿。弗里曼进一步对日本、美国和苏联的产业发展情况进行对比研究后指出，一国只有建立起将技术创新转化为产业创新的能力才能在国家竞争中占据优势。他还从历史变迁的角度对电力、钢铁、石油、化学、合成纤维、汽车、电子和计算机等许多产业的创新作了实证研究，得到的结论是产业不同，产业创新的内容也不相同。

1997 年，意大利学者 Breschi 和 Malerba 在充分参考国家创新系统、技术系统和演化经济学等理论的基础上提出了产业创新系统概念，之后 Malerba 又不断将该理论进行深化[51]。Malerba 认为，产业创新系统可分解为企业、其他参与者、网络、需求、知识基础、制度、系统运行七大基本要素[52]。从系统各要素的主要功能看，企业是产业创新系统的核心参与者，大学、金融机构、政府部门、商业联盟、技术协会、消费者、企业家、科学家等是重要的参与者，不同创新主体通过各种市场或非市场的联系与交互作用形成网络体系，需求在影响创新活动和产业转型方面起着重要的促进或阻碍作用，知识基础决定主导产业发展的技术范式和创新特点而在产业创新系统中居于核心地位，制度则会影响产业创新系统中各行为者的创新活动与交互作用。Malerba 的产业创新系统理论注重从系统的、动态的视角去观察问题，有利于系统分析产业中各类行为主体以及它们之间的相互关系，深入解剖影响产业绩效和竞争力的主要因素，成为研究产业创新、产业组织、产业绩效与竞争力的重要工具[53]。

国内较早提出产业创新概念并进行阐释的是严潮斌、管顺丰等学者。严潮斌认为[54]，产业创新是指特定产业在成长过程中或在激烈的国际竞争环境中主动联手开展的产业内企业间的合作创新；企业创新是产业创新的基础，而产业创新带动企业创新并为企业创新营造有利环境和条件；产业创新主体是一个多元动态组合结构，其技术开发和市场占有过程体现了 R&D 合作和产业内企业间的分工协作、优势互补；产业创新的目的是通过合作创新而提高企业创新能力，进而提高特定产业整体竞争力。管顺丰等认为[55]，产业创新是政府、企业等产业创新主体通过制度创新、技术创新、组织创新、环境创新和组合创新，充分利用社会资源和能力培育新兴产业，或使得原有产业在一定区域内处于领先地位，或使其获得突破性发展从而促使产业发展实现质的飞跃的创新活动。

第四节　集群式创新理论

集群式创新是在龙头企业的引领和带动下，以专业化分工和协作为基础的装备制造业或相关产业的大中小企业，通过地理位置上的集中或网络化联结形成创新链并产生创新集聚效应，实现生产要素和生产条件的重新组合，从而获得创新优势的一种新型组织形式[56][22]。但是，仅仅是企业在地理位置上的扎堆或集中所形成的无组织混合体不能称为集群式创新，集群式创新具有鲜明的地方结网性、资源共享性、互利共生性、协同竞争性等主要特征[57][58]，由此带来主导产业及关联产业的规模化、集群化、创新化快速发展。具体而言，一是地方结网性。集群式创新以产业关联为基础，以地理靠近或网络联结为特征，以设施配套、机构完善为支撑条件，把主导企业及关联配套企业、科研机构及金融、中介等相关辅助机构联为一体形成区域创新网络。二是资源共享性。集群式创新把主导企业及关联配套企业聚集在一起，据以实现知识技术、创新信息、人才要素、政府政策、科技中介、基础设施等资源共享和优势互补，促进创新要素的区内流通和创新成果的传播使用。三是互利共生性。集群式创新通过地方结网和资源共享，以产学研合作和互利共赢为核心和纽带，把企业与高校、科研院所、金融机构、科技中介等相关机构紧密结合在一起，形成企业、高校、科研院所等创新主体与金融机构、科技中介等创新客体的互利共生。四是协同竞争性。集群式创新以主导企业及关联配套企业的专业化分工协作为基础，并基于市场经济环境形成企业间的协同竞争，使企业始终保持足够的成长动力以及市场灵敏性，并在竞争中发展壮大，最终实现共同发展。

产业集群发展是全球装备制造业发展的客观趋势，加快技术创新则是装备制造业作为资本技术密集型产业的内在要求，二者的有效契合成为装备制造业集群式创新发展的内生动力。作为全球装备制造业大国，面对发达国家的高端管控和发展中国家的激烈竞争，一方面，我国需要推动产业集聚集群发展，依托高校科研院所、国家重点实验室、企业研发机构、产业园区、科技园区等载体平台突破核心关键技术，促进我国装备制造业创新发展；另一方面，国际金融危机后发达国家纷纷实施制造业回归和再工业化战略，力图抢占高端制造市场并不断扩大竞争优势，我国装备制造企业引进人才技术、加强产业合作、推动创新升级的难度进一步加大。因此，推动装备制造业的集群式创新发展，促进我国产业迈向全球价值链中高端，培育若干世界级先进制造业集群，努力占领世界制高点、掌控技术话语权，加快建设制造强国，是我国装备制造业肩负的时代使命。

第五节　区域联动理论

随着经济全球化和区域经济一体化的不断深化，区域联动发展已成为促进区域经济竞争与合作、实现区域经济协调发展的重要途径。区域联动是在市场机制和政府引导的共同作用下，在一定空间范围内相邻或相近的两个（或两个以上）区域按照协同发展、互利共赢等原则形成的经济技术合作关系，其核心是区域产业的联动发展。从产业集群发展视角看，区域联动是在市场力量推动和政府力量引导下，以产业经济关联区域为基础，以优化资源配置和促进区域产业协同发展为目标，通过资金流、人才流、知识技术及管理流、信息流等各种产业经济要素间的相互关联，交通运输网络和通信网络等基础设施的互通共享，形成区域联合、产业分工、协同发展的区域产业联动发展模式[40]。

党的十九大报告提出，要进一步实施区域协调发展战略，建立更加有效的区域协调发展新机制，推进西部大开发形成新格局，深化改革加快东北等老工业基地振兴，发挥优势推动中部地区崛起，创新引领率先实现东部地区优化发展。区域联动立足于区域资源禀赋和要素特色，通过区域间的分工合作实现资源、产业和市场的有机整合，提升区域的经济核心竞争力，以达到不同区域间资源共享、市场对接、设施联通、要素流通和产业互补的目标[59]，这已经成为一种具有全球性意义的区域合作发展模式与空间组合形式。首先，区域联动发展通过建立公平、公开、公正的市场竞争机制，有利于打破行政分割和地方保护的落后观念，促进不同区域资源要素的合理流动和优化配置，实现区域生产力布局的动态调整和不断优化。其次，区域联动发展是促进区域协调发展的现实途径。我国长期面临区域发展不平衡、区域差距偏大、区际产业结构趋同、区域资源及环境承载力超越极限、生态环境退化等诸多问题，迫切需要通过区域联动发展缩小区域差异，促进区域协调发展。再次，区域联动发展是提升区域经济竞争力的客观需要。经济全球化背景下，区域联动发展的实质就是资源配置在不断增长的地域空间范围内的调整与重组，在更广阔的市场空间范围内谋求最佳组合，有利于将我国东部发达地区和广大中西部及东北等欠发达地区有机地连为一体，推动东部地区产业向中西部及东北合理转移，加快发达地区产业转型升级和欠发达地区经济发展步伐，全面提升我国区域经济竞争力。

第三章　装备制造业集群式创新现状及效率

第一节　江苏装备制造业空间集聚现状

一、评价模型的选择

反映产业空间集聚的指标主要有区位商、行业集中度、赫芬达尔－赫希曼指数、空间基尼系数、EG 指数（空间集聚指数）等模型及方法。具体如下：

（一）区位商

区位商主要用来反映某一产业部门的专业化程度，其经济学含义是指某个区域特定产业指标值（如产值、从业人口等）所占的区域比重与在更大经济范围内该产业指标值所占比重的比值[60]，在测度产业集聚状况时应用较为普遍。其计算公式如下：

$$LQ_{ij} = \frac{Q_{ij}/Q_j}{Q_i/Q}$$

式中，Q_{ij}即j地区i产业的区位商，Q_{ij}、Q_j分别为j地区i产业的产值和j地区工业总产值，Q_i、Q分别为全国i产业产值和全国工业总产值。一般而言，区位商大于1说明该地区该产业集聚现象明显，已经或正在形成产业集群；反之，区位商数值越接近于0则说明该区域产业分布越分散，无明显产业集聚现象。

（二）修正区位商（产业集群度系数）

有学者认为，单一的区位商指标由于忽视企业规模差异，因而在反映产业集群程度时可能存在一定缺陷，比如，某一地区某个产业部门只存在几家大型企业，则该地区这一产业可能具有较高的区位商，但事实上该产业并不存在明显的产业集群现象[61]。为相对准确地测度和衡量某地区某一产业集群度，笔者把区位商公式修改为产业集群度系数：

$$LQ'_{ij} = LQ_{ij} \times M_{ij}$$

其中，LQ'_{ij}为j地区i产业的集群度系数，Q_{ij}为j地区i产业的区位商，M_{ij}为j地区i产业经归一化处理①的企业数量。与区位商同理，产业集群度系数大于1说明该地区该产业集聚现象明显。

（三）行业集中度

行业集中度又称行业集中率或市场集中度，常用于表示在特定产业内生产要素投入与产出被少数大企业控制的程度[62]。用公式表示为

$$CR_n = \frac{\sum_{i=1}^{n} X_i}{\sum_{i=1}^{N} X_i}$$

式中，CR_n表示X产业中前n位规模最大企业的行业集中度；X_i表示X产业中第i位企业的经济规模（如资产总额、产值、销售额、从业人数等）；n表示产业中规模最大的前几位企业数（如CR_4指四个最大的企业占有该相关市场份额）；

① 归一化处理方法：用行业各年企业数量除以历年行业企业数量的平均值。

N 表示该产业的企业总数。

（四）赫芬达尔－赫希曼指数（HHI）

赫芬达尔－赫希曼指数（Herfindahl－Hirschman Index，HHI）是一种测量产业集中度的综合指数[63]。它是指一个行业中各企业占行业总收入或总资产百分比的平方和，用于反映市场份额的变化及厂商规模的离散度。其计算公式为

$$HHI = \sum_{i=1}^{n} (X_i/X)^2$$

式中，X 表示市场总规模，X_i 表示 i 企业的规模，n 表示该产业内的企业数。

（五）空间基尼系数

空间基尼系数是衡量经济或产业空间集聚度的重要方法之一，用于度量某行业地区间分布的非均衡程度（集中程度）[64]。其公式如下：

$$G_i = \frac{1}{2n^2\overline{S}_i}\sum_{k=1}^{n}\sum_{j=1}^{n} |S_{ij} - S_{ik}|$$

式中，G_i 为产业 i 的空间基尼系数，S_{ij}表示产业 i 产值（或就业人数等相关指标）在地区 j 的比重，S_{ik}表示产业 i 产值（或就业人数等相关指标）在地区 k 的比重，n 为地区数量，$\overline{S}_i$ 为各城市所有地区产业 i 中所占份额的均值。空间基尼系数数值介于 0～1。一般认为，产业在一定空间区域内分布越均匀则该产业的空间基尼系数就越小，当一产业空间基尼系数等于 0 时，说明该产业在空间区域呈均匀分布状态而没有空间集聚现象[65]；反之，一产业在空间区域内分布越不均匀则该产业的空间基尼系数就越大，当空间基尼系数等于 1 时，说明所有产业都集中在一个地区。

（六）EG 指数（空间集聚指数）

EG 指数是为了解决空间基尼系数的失真，由 Elilsion 和 Glaeser 提出的新的测量产业集聚程度的集聚指数[66]。具体公式为

$$\gamma = \frac{G - \left(1 - \sum_{i=1}^{n} X_i^2\right)H}{\left(1 - \sum_{i=1}^{n} X_i^2\right)(1 - H)}$$

式中，γ 为空间集聚指数，n 为空间基尼系数，H 为赫芬达尔－赫希曼指数（HHI），X_i 为 i 地区指标占全国的比重。

从上述指标及模型的对比中可以发现，区位商能够从空间角度反映某一产业部门的专业化程度及集聚发展水平，揭示在大区域背景下各个小区域某产业发展的专业化程度，且数据易于获取，是目前应用较多的一种方法，而修正区位商模型增加企业数量指标后更便于反映产业集群度水平；行业集中度和赫芬达尔－赫希曼指数便于分析产业的市场集中程度，但企业数据不易获取；空间基尼系数反映包含若干个小区域的大区域（比如包含 13 个省辖市的江苏省）的某个产业集聚（不均衡）程度，指标容易计算但存在一定缺陷，如某地存在一个规模很大的企业造成基尼系数较高，但实际上并无明显的集群现象出现；EG 指数把空间基尼系数和赫芬达尔－赫希曼指数相结合，是一种较好的评价方法，但受企业数据获取困难的限制。为此，本章主要采用修正区位商模型（产业集群度系数）及空间基尼系数模型进行测度、评价和对比研究，以从不同层面反映江苏装备制造业集聚发展现状及动态演变状况。

二、研究行业及数据来源

按照《国民经济行业分类》（GB/T4754—2017），我国装备制造业可以划分为七大行业[67]，即金属制品业，通用设备制造业，专用设备制造业，交通运输设备制造业（包括汽车制造业以及铁路、船舶、航空航天和其他运输设备制造业两个行业），电气机械及器材制造业，通信设备、计算机及其他电子设备制造业，仪器仪表及文化、办公用机械制造业。本章以这七大类两位数行业为标准进行计算，原始数据主要来源于 2006～2016 年《中国统计年鉴》和《江苏统计年鉴》中规模以上工业行业数据，共计 11 年历史数据；其中省辖市数据来源于 2016 年各市统计年鉴中规模以上工业行业数据。

三、测度结果及评价

（一）修正区位商模型测度结果与分析

1. 省域集聚概况

把相关数据代入前文修正的修正区位商模型（产业集群度系数）计算公式，可以得到表3－1所示结果。可以看出，各产业集群度系数上基本大于产业区位商，但保持了总体一致，说明以修正的产业集群度系数来衡量产业集聚状况是合理的。从数据看，除交通运输设备制造业外，江苏装备制造业各行业区位商及集群度系数均大于1，说明从省域层面看，江苏装备制造业存在明显的产业集聚现象，特别是仪器仪表及文化、办公用机械制造业，电气机械及器材制造业两个行业集聚程度较高。

表3－1　2014～2015年江苏装备制造业产业集聚概况

行业	2014年		2015年	
	区位商	集群度系数	区位商	集群度系数
金属制品业	1.1540	1.2447	1.1454	1.2076
通用设备制造业	1.2524	1.1195	1.2900	1.1493
专用设备制造业	1.1390	1.3358	1.1356	1.3494
交通运输设备制造业	0.8447	0.9689	0.8306	0.9868
电气机械及器材制造业	1.6678	1.9361	1.6175	1.9019
通信设备、计算机及其他电子设备制造业	1.4578	1.6853	1.4191	1.6050
仪器仪表及文化、办公用机械制造业	2.8783	3.5953	2.6945	3.1662

2. 动态演变

把2005～2015年相关数据代入前文修正的产业集群度计算公式，可以得到图3－1所示结果。可以看出，2005～2007年江苏装备制造业集群程度总体低于全国平均水平，2008～2015年集群程度总体高于全国平均水平，但交通运输设备制造业集群程度仍低于全国平均水平。说明除交通运输设备制造业外，江苏装备制造业存在明显的产业集群现象。从装备制造业内部行业的集群度演变看，仪器仪表及文化、办公用机械制造业的集群度最高（2005～2015 年平均值 2.1794，下同）并保持了稳步上升态势，2009 年以来集群度系数开始超过 2，2012 年以来集群度系数开始超过 3，表现出显著的集群化发展态势；其次为通信设备、计算机及其他电子设备制造业（平均值 1.5336），但 2011 年以来集群度系数呈小幅下降态势；第三为电气机械及器材制造业（平均值 1.4543），除 2010～2011 年小幅下降外表现为总体上升态势；第四、第五分别为通用设备制造业（平均值 1.2275）和金属制品业（平均值 1.1929），2005～2010 年表现出快速上升的集群发展态势，但 2011 年后明显回落；第六为专用设备制造业（平均值 1.0537），除 2010～2011 年小幅下降外表现为总体上升态势。

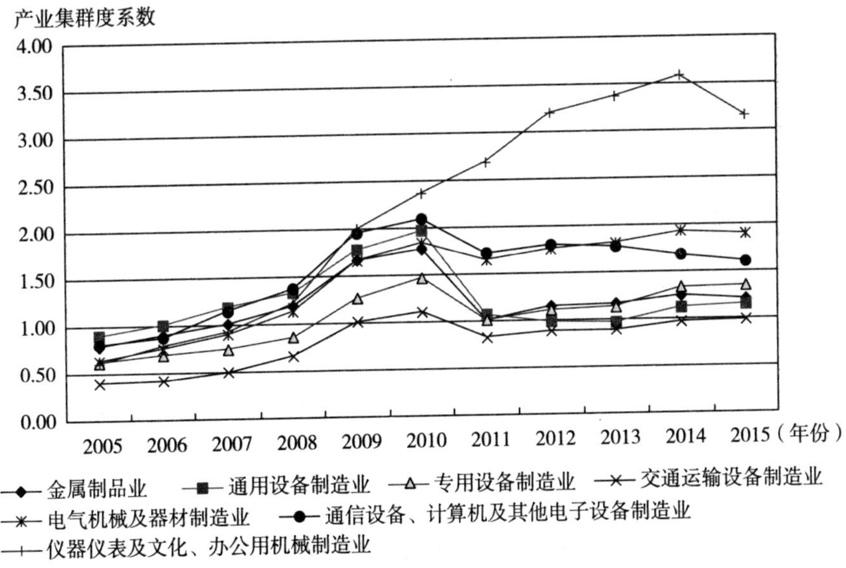

图 3－1　2005～2015 年江苏装备制造业各行业产业集群度系数

3. 区域差异

利用 2015 年统计数据计算江苏十三个省辖市的产业集群度系数，可以得到

表3－2～表3－4所示结果。从江苏三大区域看，江苏装备制造业集群度存在较为明显的区域差异。由表3－2可知，苏南五市中，南京的交通运输设备制造业，仪器仪表及文化、办公用机械制造业，电气机械和器材制造业，计算机、通信和其他电子设备制造业集群发展程度较高；苏州的计算机、通信和其他电子设备制造业，电气机械和器材制造业，交通运输设备制造业，专用设备制造业集群发展程度较高；无锡的电气机械和器材制造业、专用设备制造业、交通运输设备制造业、金属制品业集群发展程度较高；常州的电气机械和器材制造业、专用设备制造业、交通运输设备制造业，金属制品业，仪器仪表及文化、办公用机械制造业集群发展程度较高；镇江的仪器仪表及文化、办公用机械制造业，电气机械和器材制造业，交通运输设备制造业，金属制品业，专用设备制造业集群发展程度较高。总体看，苏南在交通运输设备制造业，电气机械和器材制造业，专用设备制造业，计算机、通信和其他电子设备制造业四大行业具有明显的集群发展优势。

表3－2　2015年苏南五市装备制造业集群度系数

行业	南京市	苏州市	无锡市	常州市	镇江市
金属制品业	0.9883	0.7891	1.5424	1.3418	1.4875
通用设备制造业	0.5417	0.949	0.8689	0.8339	0.7845
专用设备制造业	0.9112	1.3779	1.9289	2.3400	1.3561
交通运输设备制造业	4.4972	1.4112	1.6739	1.6091	1.9953
电气机械和器材制造业	1.2475	1.4932	2.5942	2.9973	3.0704
计算机、通信和其他电子设备制造业	1.2392	2.2095	0.8667	0.3912	0.4129
仪器仪表及文化、办公用机械制造业	1.9981	0.8938	0.5827	1.2342	3.7507

由表3－3可知，苏中三市中，扬州的仪器仪表及文化、办公用机械制造业，电气机械和器材制造业，交通运输设备制造业，专用设备制造业集群发展程度较高；南通的仪器仪表及文化、办公用机械制造业，电气机械和器材制造业，专用设备制造业，金属制品业集群发展程度较高；泰州的交通运输设备制造业，金属制品业，专用设备制造业，电气机械和器材制造业，仪器仪表及文化、办公用机

械制造业集群发展程度较高。总体看，苏中在仪器仪表及文化、办公用机械制造业，电气机械和器材制造业，交通运输设备制造业，专用设备制造业，金属制品业五大行业具有明显的集群发展优势。

表3－3　2015年苏中三市装备制造业集群度系数

行业	扬州市	南通市	泰州市
金属制品业	1.1707	1.6193	2.5661
通用设备制造业	0.7167	1.1749	0.9606
专用设备制造业	2.6468	2.1681	2.5277
交通运输设备制造业	3.4621	1.1240	3.3900
电气机械和器材制造业	3.6175	2.5690	2.3138
计算机、通信和其他电子设备制造业	0.3116	0.3958	0.2865
仪器仪表及文化、办公用机械制造业	3.9246	3.6706	1.7402

由表3－4可知，苏北五市中，徐州的仪器仪表及文化、办公用机械制造业，专用设备制造业，电气机械和器材制造业集群发展程度较高；连云港的专用设备制造业、金属制品业集群发展程度较高；淮安的专用设备制造业、电气机械和器材制造业集群发展程度较高；盐城的交通运输设备制造业，专用设备制造业，通用设备制造业，仪器仪表及文化、办公用机械制造业集群发展程度较高；宿迁的装备制造业集群发展程度则低于全省平均水平。总体看，苏北在仪器仪表及文化、办公用机械制造业，交通运输设备制造业，专用设备制造业，通用设备制造业四大行业具有较为明显的集群发展优势。

表3－4　2015年苏北五市装备制造业集群度系数

行业	徐州市	连云港市	淮安市	盐城市	宿迁市
金属制品业	0.8642	1.2754	0.8763	0.6968	0.7360
通用设备制造业	0.6547	0.3542	0.7304	1.6847	0.4486
专用设备制造业	1.5912	1.3441	1.3660	2.3140	0.3762
交通运输设备制造业	0.4778	0.8451	0.7630	3.7413	0.2998

续表

行业	徐州市	连云港市	淮安市	盐城市	宿迁市
电气机械和器材制造业	1.1594	0.6479	1.1261	0.8625	0.8380
计算机、通信和其他电子设备制造业	0.2029	0.1705	1.0471	0.0916	0.4063
仪器仪表及文化、办公用机械制造业	4.0406	0.0732	0.6021	1.2955	0.2372

利用集群度系数的标准差进一步观察地区装备制造业集群度优势差异（表3-5），易见，苏南五市的差异主要在交通运输设备制造业，仪器仪表及文化、办公用机械制造业，电气机械和器材制造业三大行业；苏中三市的差异主要在交通运输设备制造业，仪器仪表及文化、办公用机械制造业，金属制品业三大行业；苏北五市的差异主要在仪器仪表及文化、办公用机械制造业，交通运输设备制造业，专用设备制造业三大行业；江苏三大区域间的差异主要在仪器仪表及文化、办公用机械制造业，交通运输设备制造业，电气机械和器材制造业三大行业。装备制造业的区域对比可以发现，苏南、苏中、苏北三大区域存在较为明显的产业集群发展的比较优势及相对差异。但总体看，苏南装备制造业集群发展程度要高于苏中和苏北地区，而苏中则要略高于苏北地区，这与三大区域经济发展水平的差异是基本一致的。

表3-5　2015年江苏三大区域装备制造业集群度系数的标准差

行业	苏南城市间	苏中城市间	苏北城市间	三大区域间
金属制品业	0.3276	0.7124	0.2294	0.5131
通用设备制造业	0.1541	0.2293	0.5309	0.3406
专用设备制造业	0.5562	0.2492	0.6936	0.6761
交通运输设备制造业	1.2806	1.3296	1.4234	1.3767
电气机械和器材制造业	0.8549	0.6909	0.2143	1.0055
计算机、通信和其他电子设备制造业	0.7501	0.0573	0.3886	0.5920
仪器仪表及文化、办公用机械制造业	1.2658	1.1946	1.6294	1.4885

（二）空间基尼系数测度结果与分析

1. 省内集聚概况

按照江苏13个省辖市的行政区划，把各市装备制造业行业相关数据代入空间基尼系数模型，可以得到表3－6所示结果。可以看出，2013～2015年，空间基尼系数均大于0且在［0.1541，0.3469］的区间内波动，表明从各省辖市产业发展差异看，江苏装备制造业存在空间集聚现象。从2013～2015年行业平均值看，空间基尼系数大于0.3的为通信设备、计算机及其他电子设备制造业；大于0.25的为仪器仪表及文化、办公用机械制造业；大于0.2的为电气机械及器材制造业、专用设备制造业、金属制品业、交通运输设备制造业。这说明通信设备、计算机及其他电子设备制造业，仪器仪表及文化、办公用机械制造业，电气机械及器材制造业，专用设备制造业四大行业存在较为明显的空间集聚特征。这与前文产业集群度系数的测度结果是基本一致的，而前文表3－5所示产业集群度系数的区域差异也从一个侧面印证了空间基尼系数的测度结果。

表3－6　2013～2015年江苏装备制造业的空间基尼系数

行业	2013年	2014年	2015年	平均值
金属制品业	0.1781	0.1672	0.1582	0.2092
通用设备制造业	0.1951	0.1871	0.1794	0.1951
专用设备制造业	0.1708	0.1657	0.1541	0.2148
交通运输设备制造业	0.2038	0.2035	0.2055	0.2073
电气机械及器材制造业	0.1909	0.1870	0.1772	0.2249
通信设备、计算机及其他电子设备制造业	0.3469	0.3310	0.3238	0.3727
仪器仪表及文化、办公用机械制造业	0.2025	0.2096	0.2161	0.2694

2. 动态演变

把2005～2015年相关数据代入空间基尼系数公式，可以得到图3－2所示结果。可以看出，从2005～2015年，空间基尼系数总体呈下降趋势，说明江苏装备制造业在苏南、苏中、苏北各市间的分布正由空间集聚向分散布局状态转变。从2005～2015年空间基尼系数的变化率看，江苏装备制造业各行业基尼系数的增长率均为负数，其中绝对值较大的主要是仪器仪表及文化、办公用机械制造业（－0.4166），专用设备制造业（－0.4065），金属制品业（－0.3805），电气机械及器材制造业（－0.3345）四大行业，说明这些行业在各市间的分散布局特征更为明显。

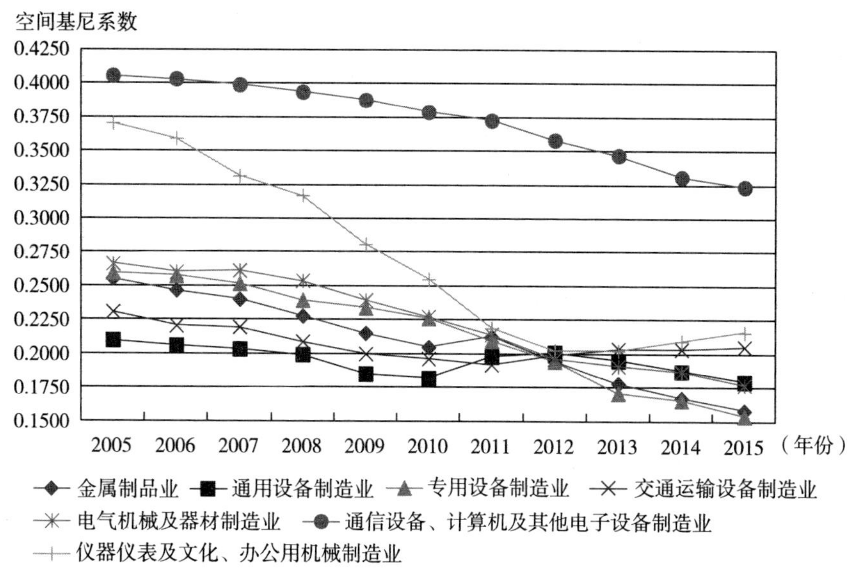

图3－2　2005～2015年江苏装备制造业的空间基尼系数

（三）两大模型测度结果的比较

上述修正区位商模型和空间基尼系数的定量测度表明，江苏装备制造业存在明显的空间集聚现象，但从两个模型的特点及差异中可以得出一些有益结论。首先，修正区位商模型主要从全国层面测度和反映江苏装备制造业的地区专业化水平及产业集聚程度。因此从产业集群度系数看，除交通运输设备制造业外，江苏装备制造业存在明显的产业集聚现象，特别是仪器仪表及文化、办公用机械制造业，电气机械及器材制造业两个行业集聚程度较高，但各行业也存在升降不同的演变趋势及区域差异。其次，空间基尼系数模型主要从江苏省域层面测度和反映装备制造业在各省辖市之间的集中与分散布局状况。因此从空间基尼系数看，通信设备、计算机及其他电子设备制造业，仪器仪表及文化、办公用机械制造业，电气机械及器材制造业、专用设备制造业四个行业的空间集聚特征更为明显，这与修正区位商模型测度结果基本一致但存在集聚水平的高低顺序差异。再次，从产业空间集聚的动态演变看，修正区位商模型反映出江苏装备制造业各行业在全国分工地位中上升、下降的不同趋势，空间基尼系数则反映出江苏装备制造业各行业在省域内部趋于分散的布局态势，二者的结合有利于更为准确地反映江苏装备制造业空间集聚的特征及趋势。

综上，根据修正区位商模型测度结果，从全国层面看，除交通运输设备制造业外，江苏装备制造业存在明显的产业集聚现象，特别是仪器仪表及文化、办公用机械制造业，电气机械及器材制造业，通信设备、计算机及其他电子设备制造业三个行业集聚程度较高，并保持了总体上升态势。从装备制造业规模化、集群化、创新化发展的全球趋势考虑，要进一步提高江苏装备制造业（特别是交通运输设备制造业、通用设备制造业等行业）在全国的地区专业化水平，促进产业集群化快速发展。另一方面，根据空间基尼系数模型测度结果，从江苏省内看，通信设备、计算机及其他电子设备制造业，仪器仪表及文化、办公用机械制造业，电气机械及器材制造业，专用设备制造业四大行业存在较为明显的空间集聚特征，这与修正区位商模型测度结果基本一致。而空间基尼系数的动态下降则反映出江苏装备制造业在省内区域布局的相对扩散，这与GDP（国内生产总值）导向下各地方政府间的同质竞争、产业趋同等关系密切。要进一步加强省级乃至中央政府的宏观调控，促进城市间产业的错位竞争和协同发展，切实提升地方装备制造业集群发展水平。

四、特色产业集群

自2009~2016年，江苏省经济和信息化委员会先后公布了五批江苏省特色产业集群名单，其中一个重要部分就是装备制造业特色产业集群（见表3-7），包括工程机械、轨道交通、船舶、汽车零部件、输变电设备、智能电网、风电装备、精密机械、仪器仪表等主要行业，可以看作江苏装备制造业空间集聚集群发展的一个重要例证。

表3-7　2009~2016年江苏省装备制造业特色产业集群

第一批特色产业集群（2009年）	第二批特色产业集群（2011年）	第三批特色产业集群（2012年）	第四批特色产业集群（2014年）	第五批特色产业集群（2016年）
徐州工程机械产业集群	常州轨道交通产业集群	南京智能电网产业集群	南京汽车及零部件产业集群	太仓精密机械产业集群
溧阳输变电设备产业集群	丰县电动三轮车产业集群	无锡汽车零部件产业集群	无锡智能传感网产业集群	苏州轨道交通装备产业集群
南通船舶产业集群	昆山传感器产业集群	江阴装备制造产业集群	昆山光电产业集群	如皋新能源汽车及零部件产业集群
启东电动工具产业集群	海安锻压机械产业集群	睢宁白色家电产业集群	启东海工装备产业集群	海安电梯产业集群
丹阳汽摩配件产业集群	宝应输变电装备产业集群	常州工程机械产业集群	如东光纤光缆产业集群	太仓精密机械产业集群
扬中工程电器产业集群	句容光电产业集群	昆山装备制造产业集群	连云港装备制造产业集群	金湖仪器仪表产业集群
靖江船舶产业集群	镇江船舶产业集群	苏州电梯产业集群	大丰风电装备产业集群	张家港清洁能源装备产业集群
兴化戴南不锈钢产业集群	泰兴减速机产业集群	靖江汽车零部件产业集群	镇江航空航天产业集群	盐城齿轮产业集群

资料来源：根据江苏省经济和信息化委员会（www.jseic.gov.cn）中小企业产业与合作处资料整理。

在外向型经济和产业集群的推动下，江苏装备制造业获得了持续快速发展。2005~2015年，江苏装备制造业总产值从13180.63亿元（当年价，下同）快速增长到70417.59亿元，年均增速达18.2%，高于全国大多数省市；装备制造业占制造业总产值比重也从37.7%增长到48.8%，占据了制造业半壁江山，成为江苏工业发展和科技创新的重要支撑。从行业内部看，2005~2015年江苏装备制造业各行业均保持了持续较快的增长态势（见图3-3）；以规模论，产值达万亿元以上的主要有通信设备、计算机及其他电子设备制造业，电气机械及器材制造业，交通运输设备制造业三个行业，2015年年末行业总产值分别达18896.93亿元、16266.32亿元、10884.97亿元；以速度论，年均增速达20%以上的主要有电气机械及器材制造业，交通运输设备制造业，仪器仪表及文化、办公用机械制造业，专用设备制造业四个行业，2005~2015年平均增速分别达22.8%、22.7%、22.3%、21.3%。

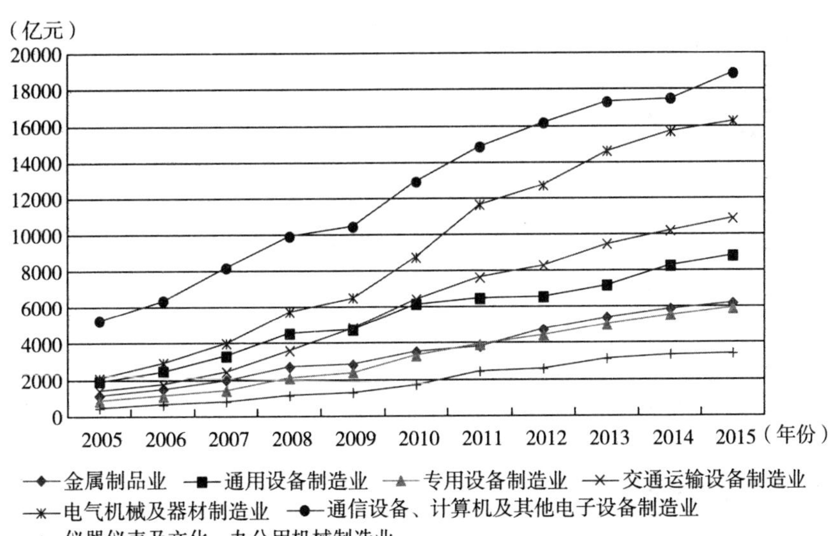

图3-3 2005~2015年江苏装备制造业各行业产值

第二节　江苏装备制造业空间集聚的动力效应

一、模型构建

为进一步分析空间集聚对江苏装备制造业发展的动力效应，结合产业集群度系数与空间基尼系数模型测度视角的差异，笔者尝试构建如下回归模型：

$$D_i = c_i + a_i LQ'_i + b_i G_i + \omega_i$$

式中，D_i 为江苏装备制造业行业 i 的产值占该行业全国总产值的比重，c_i 为常数，LQ'_i 为行业 i 的产业集群度系数变量，G_i 为行业 i 的空间基尼系数变量，a_i、b_i 为变量系数，分别反映产业集群度系数和空间基尼系数变量对江苏装备制造业发展的动力效应，ω_i 为随机误差项。

二、数据来源

产业集群度系数和空间基尼系数变量数据来源于前文计算所得 2005～2015 年共 11 年的数据。按照前文界定的装备制造业七大类两位数行业分类标准，各行业产值数据主要来源于 2006～2016 年《中国统计年鉴》和《江苏统计年鉴》中规模以上工业行业数据，共计 11 年历史数据。

三、模型运算结果

利用 Eviews 6.0 软件，把相关数据代入上述回归模型进行计算，可以得到表 3－8 所示结果。

表 3-8　空间集聚对江苏装备制造业发展的动力效应

行业	变量	回归系数	标准误	t 统计量	显著性概率
金属制品业	产业集群度系数	0.0106	0.0047	2.2391	0.0455
	空间基尼系数	0.1984	0.0437	4.5370	0.0019
通用设备制造业	产业集群度系数	0.0011	0.0107	0.1056	0.9185
	空间基尼系数	0.0100	0.3620	0.0277	0.9786
专用设备制造业	产业集群度系数	0.0081	0.0050	1.6252	0.1000
	空间基尼系数	-0.1827	0.0377	-4.8503	0.0013
交通运输设备制造业	产业集群度系数	0.0285	0.0152	1.8700	0.0984
	空间基尼系数	-0.5794	0.3258	-1.7785	0.0932
电气机械及器材制造业	产业集群度系数	0.0212	0.0121	1.7562	0.0971
	空间基尼系数	-0.6654	0.1795	-3.7072	0.0060
通信设备、计算机及其他电子设备制造业	产业集群度系数	0.0411	0.0058	7.1118	0.0001
	空间基尼系数	0.2808	0.0855	3.2857	0.0100
仪器仪表及文化、办公用机械制造业	产业集群度系数	0.0919	0.0317	2.9011	0.0199
	空间基尼系数	0.1519	0.5470	0.2777	0.7883

1. 模型检验

从模型检验效果看，通信设备、计算机及其他电子设备制造业达到1%的显著性水平，金属制品业达到5%的显著性水平，电气机械及器材制造业、交通运输设备制造业、专用设备制造业三个行业达到10%的显著性水平，说明这五个行业回归效果显著；但通用设备制造业和仪器仪表及文化、办公用机械制造业两个行业未通过显著性检验，说明其回归效果不显著。

2. 动力效应

从江苏装备制造业各行业回归系数看，通信设备、计算机及其他电子设备制造业，金属制品业的回归系数均为正，表明这两个行业在江苏的省域集聚和省内的区域集聚有利于促进产业发展。专用设备制造业、电气机械及器材制造业、交通运输设备制造业三个行业产业集群度系数变量的回归系数均为正，但空间基尼系数变量的回归系数均为负，表明这三个行业在江苏的省域集聚和省内的区域扩散有利于促进产业发展。此外，通用设备制造业，仪器仪表及文化、办公用机械制造业的回归系数均为正，意味着这两个行业在江苏的省域集聚和省内的区域集聚有利于促进产业发展，但统计意义上的效果尚未表现出来。总体来看，空间基尼系数变量对江苏装备制造业的作用力要大于产业集群度系数变量，可能从一个侧面反映出装备制造业在省内的区域集中更有利于产业的持续发展，这与装备制造业在产品和技术上极强的关联配套要求是吻合的。

综上，根据空间集聚对产业发展的动力效应测度结果，产业集群度系数变量对江苏装备制造业发展具有明显的促进作用，这与修正区位商模型反映的内涵是一致的。但空间基尼系数变量对装备制造业不同行业的动力效应存在方向差异，其原因还有待进一步研究。总体看，空间基尼系数变量对江苏装备制造业的作用力要大于产业集群度系数变量，基于装备制造业对产品和技术的关联配套特征，可能从一个侧面反映出装备制造业在省内的区域集中对产业发展的动力效应。

第三节　江苏装备制造业集群式创新效率

一、评价模型

1. DEA – Malmquist 指数模型

对装备制造业集群式创新效率的评价可采用 DEA – Malmquist 指数模型，该模型既可以分析决策单元不同时期效率的动态演化，又可以将 Malmquist 指数［即全要素生产率（TFP）指数］分解为技术效率变化指数和技术进步指数。技术效率又可分解为纯技术效率和规模效率两个方面，纯技术效率主要体现在集群式技术创新、制度创新、管理创新及其效率提升等方面，规模效率主要体现在集群式规模扩张所带来的效率提升等方面。技术进步则表示生产前沿面随时间的移动而表现出的不断进步和变化[68]。

DEA－Matmquist 指数模型中，以 t 时期技术 T^t 为参照，基于产出角度的 Malmqulst 指数可以表示为

$$M_0^t(x^{t+1}, y^{t+1}, x^t, y^t)=\frac{d_0^t(x^{t+1}, y^{t+1})}{d_0^t(x^t, y^t)}$$

该指数测度了在 t 时期的技术条件下，从 t 到 $t+1$ 时期的技术效率的变化。显然，若以 $t+1$ 时期技术 T^{t+1} 为参照，则基于产出角度的 Malmquist 指数可以表示为

$$M_0^{t+1}(x^{t+1}, y^{t+1}, x^t, y^t)=\frac{d_0^{t+1}(x^{t+1}, y^{t+1})}{d_0^{t+1}(x^t, y^t)}$$

为消除时期不同可能导致的计算差异，可用上述两式的几何平均值来衡量从 t 到 $t+1$ 时期生产率的变化。即

$$M_0(x^{t+1}, y^{t+1}, x^t, y^t)=\sqrt{\frac{d_0^t(x^{t+1}, y^{t+1})}{d_0^t(x^t, y^t)}\times\frac{d_0^{t+1}(x^{t+1}, y^{t+1})}{d_0^{t+1}(x^t, y^t)}}$$

进而，Malmquist 指数可以分解为不变规模报酬且要素自由处置条件下的技术效率变化指数（EC）和技术进步指数（TP），具体分解过程如下：

$$\begin{aligned}M_0(x^{t+1}, y^{t+1}, x^t, y^t)&=\frac{d_0^{t+1}(x^{t+1}, y^{t+1})}{d_0^t(x^t, y^t)}\times\left[\frac{d_0^t(x^{t+1}, y^{t+1})}{d_0^{t+1}(x^t, y^t)}\times\frac{d_0^t(x^t, y^t)}{d_0^{t+1}(x^t, y^t)}\right]\\&=EC\times TP\end{aligned}$$

技术效率变化指数（EC）测度了从时期 t 到时期 $t+1$ 每一个决策单元对生产可能性边界的追赶程度；技术进步指数（TP）则测度了技术边界在时期 t 到时期 $t+1$ 之间的变动情况。Fare 等[69]认为，技术效率变化指数（EC）还可进一步分解为纯技术效率指数（PC）和规模效率指数（SC）。从而有

$$M_0(x^{t+1}, y^{t+1}, x^t, y^t)=EC\times TP=PC\times SC\times TP$$

指数大于 1 意味着该指数是生产率提高的源泉，小于 1 则是生产率下降的诱因。

2. 超效率 DEA 模型

传统 DEA – Malmquist 模型对评价效率为 1 的决策单元缺乏区分度，超效率 DEA 模型可以对所有决策单元的评价效率作进一步区分，从而更具可比较性。具体模型[70][71]为

$$\min\theta^{super}$$

$$\text{s. t.} \sum_{j=1, j\neq k}^{n} x_{rj}\lambda_j + s_i^- = \theta^{super}x_0, i = 1,2,\cdots,m; j = 1,2,\cdots,n$$

$$\sum_{j=1, j\neq k}^{n} y_{rj}\lambda_j - s_r^+ = y_0, r = 1,2,\cdots,s; j = 1,2,\cdots,n$$

$$\lambda_j \geqslant 0, s_i^- \geqslant 0, s_r^+ \geqslant 0$$

其中，θ^{super}为装备制造业集群式创新效率指数，x_{ij}是决策单元 $j(j=1, 2, \cdots, n)$的第 $i(i=1, 2, \cdots, m)$个投入，y_{rj}是决策单元 $j(j=1, 2, \cdots, n)$的第 $r(r=1, 2, \cdots, s)$个产出，λ 为模型系数，s^-和 s^+分别代表一种纯的过剩量或不足量。如果 $\theta^{super}<1$，说明该行业集群式创新活动是低效率的，其值越低表示效率越低；$\theta^{super}=1$ 表示行业集群式创新活动的投入正好转化为最大产出，创新达到最优效率；$\theta^{super}>1$ 表示行业集群式创新活动的投入产出超过最优效率。

二、指标选择及数据来源

根据集群式创新概念及特征，结合数据的可获得性，笔者选取装备制造业规模以上行业产业集群度系数、企业数量、固定资产投入、全部从业人员年平均人数、研发经费支出、国际互联网用户数、移动电话用户数七个指标作为集群式创新的投入变量（表 3 –9）。从前文公式含义可知，产业集群度系数是一个反映集群式创新基础及实力的综合概念。企业数量既反映产业集群的规模，也间接反映集群内主导企业与配套企业间的关联性。固定资产投入既反映产业规模发展状况，也反映该行业在技术创新、公共服务等方面的基础设施、机器设备等资本投入。全部从业人员年平均人数是一个反映劳动力或人力资本投入的概括性指标，

既包括了生产制造部门从业人员，也包括了研发、设计、科技服务等部门从业人员，具有一定的综合性。研发经费支出则主要反映该行业在研发、设计及技术创新等方面的投入，对产业集群式创新具有重要影响。国际互联网用户数、移动电话用户数主要反映集群内企业基于产业关联、网络联结的协同合作。选取装备制造业规模以上行业总产值、新产品产值、利润总额、成本费用利润率、全员劳动生产率五个指标作为集群式创新的产出指标。总产值、利润总额及成本费用利润率三个指标是反映产业规模、技术创新、信息化水平及经济效益的综合指标。新产品产值主要反映企业研发、设计、工艺改进、技术进步等方面的产出和成果，是产业集群式创新的重要表现之一。全员劳动生产率是反映企业生产技术水平、经营管理水平及职工劳动技术熟练程度的综合指标。

表 3－9　装备制造业集群式创新效率输入、输出指标

指标类型	指标变量	指标定义	评价目的
输入指标	X_1	产业集群度系数	集群式创新基础
	X_2	企业数量（个）	集群规模及企业关联
	X_3	固定资产投入（亿元）	集群资本投入
	X_4	全部从业人员年平均人数（万人）	集群人力资本投入
	X_5	研发经费支出（亿元）	集群技术创新投入
	X_6	国际互联网用户数（万户）	集群网络化联结性
	X_7	移动电话用户数（万户）	集群网络化联结性
输出指标	Y_1	总产值（亿元）	集群产值规模及创新总体成效
	Y_2	新产品产值（亿元）	集群创新直接成效
	Y_3	利润总额（亿元）	集群创新经济效益
	Y_4	成本费用利润率（%）	集群创新经济效益
	Y_5	全员劳动生产率（元/人）	集群创新及管理成效

根据 DEA－Matmquist 指数评价模型及评价指标选择收集整理数据，所有原始数据均来自《江苏统计年鉴》2006～2016 年和《江苏科技统计年鉴》2006～2016 年，其余数据则根据指标含义计算得出，共收集整理 2005～2015 年累计 11

年数据。

三、集群式创新效率分析

（一）TFP 指数分析

根据 DEA - Matmquist 指数模型含义，应用 DEAP2.1 统计分析软件进行运算，得到江苏省装备制造业各行业集群式创新效率 Matmquist 指数值，即全要素生产率指数（TFP 指数），结果见表 3 - 10。可以看出，2005 ~ 2015 年，江苏装备制造业的 TFP 指数均保持增长态势，且主要源于技术进步指数和技术效率变化指数的共同增长，特别是技术进步指数的增长。其中交通运输设备制造业 TFP 年均增长 16.8%，涨幅最大；其次为通信设备、计算机及其他电子设备制造业和通用设备制造业，年均增长分别为 10.5% 和 7.5%。但从技术效率看，只有专用设备制造业和仪器仪表及文化、办公用机械制造业两个行业保持小幅增长，而金属制品业和通用设备制造业由于纯技术效率指数小于 1 导致其技术效率小幅下降，其余三个行业则保持稳定。说明江苏装备制造业中，以集群式技术创新、制度创新、管理创新及其效率提升等为特征的纯技术效率下降对其全要素生产率具有较大影响。再从规模效率看，各行业均保持稳定态势，说明江苏装备制造业集群式规模扩张所带来的投入产出效率基本稳定。总体看，江苏装备制造业全要素生产率呈明显上升态势，其 TFP 的增长主要来源于技术进步指数的提高，行业整体技术进步的特征较为明显，但以研发创新、管理创新为特征的纯技术效率提升缓慢制约了集群式创新效率的进一步提升。

表 3 - 10　江苏装备制造业行业集群式创新 TFP 指数及其分解

行业	TFP 指数	技术效率变化指数	技术进步指数	纯技术效率指数	规模效率指数
金属制品业	1.0110	0.9810	1.0310	0.9810	1.0000
通用设备制造业	1.0750	0.9890	1.0870	0.9890	1.0000

续表

行业	TFP 指数	技术效率变化指数	技术进步指数	纯技术效率指数	规模效率指数
专用设备制造业	1.0730	1.0080	1.0650	1.0080	1.0000
交通运输设备制造业	1.1670	1.0000	1.1670	1.0000	1.0000
电气机械及器材制造业	1.0660	1.0000	1.0660	1.0000	1.0000
通信设备、计算机及其他电子设备制造业	1.1050	1.0000	1.1050	1.0000	1.0000
仪器仪表及文化、办公用机械制造业	1.0650	1.0060	1.0580	1.0060	1.0000

（二）超效率指数分析

根据超效率 DEA 模型含义，应用 DEA - Solver 5.0 统计分析软件进行运算，得到江苏省装备制造业各行业集群式创新超效率指数值，结果见图 3 - 4。可以看出，装备制造业各行业超效率指数的区分度明显高于全要素生产率指数（TFP 指数）。2005 ~ 2015 年，江苏装备制造业集群式创新超效率值波动明显，各年平均值大于 1 的主要有通信设备、计算机及其他电子设备制造业，电气机械及器材制造业和交通运输设备制造业三个行业，行业平均值分别为 1.2678、1.1574 和 1.0432，表明这三个行业集群式创新活动的投入产出超过最优效率，这与表 3 - 10 的结论基本一致。平均值等于 1 的为通用设备制造业，表明其集群式创新活动的投入基本转化为最大产出。而平均值小于 1 的有金属制品业，专用设备制造业，仪器仪表及文化、办公用机械制造业三个行业，表明这三个行业集群式创新活动是低效率的。从动态演变看，集群式创新超效率值保持振荡上升的主要有交通运输设备制造业，通用设备制造业，金属制品业，专用设备制造业，仪器仪表及文化、办公用机械制造业五个行业，而通信设备、计算机及其他电子设备制造业，电器机械及器材制造业两个行业小幅振荡中保持总体稳定。

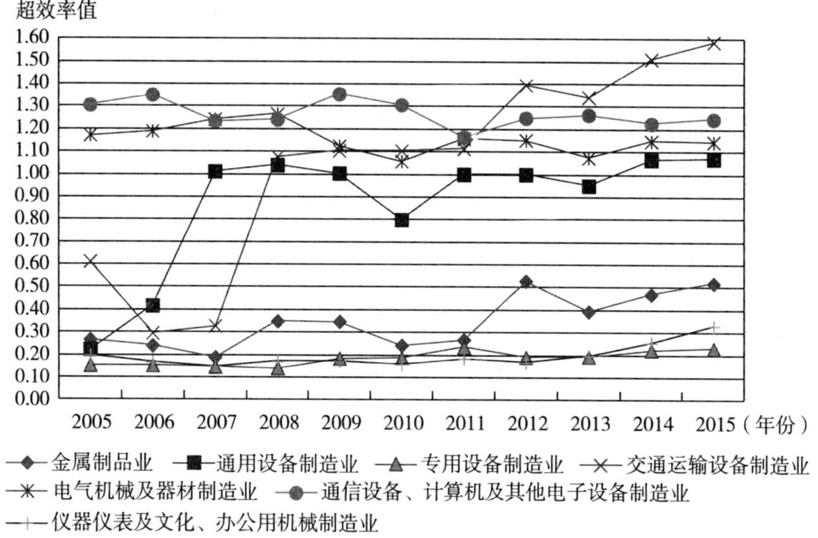

图 3－4　2005～2015 年江苏装备制造业行业集群式创新超效率值

四、集群式创新能力比较

为进一步比较江苏装备制造业与国内其他省市集群式创新能力差异，本节选取我国东部沿海的江苏、广东、山东、浙江、上海等典型制造业大省（市），着重从集群发展水平、产值利润率、劳动生产率三个方面比较分析五省市装备制造业集群式创新能力，原始数据均来源于各省市 2016 年的统计年鉴，计算结果如表3－11、表 3－12 和表 3－13 所示。

表 3－11　2015 年东部五省市装备制造业行业集群度系数

行业	江苏	广东	山东	浙江	上海
金属制品业	1. 2076	1. 4193	1. 1918	1. 1283	0. 8486
通用设备制造业	1. 1493	0. 5916	1. 1502	1. 3069	1. 5936
专用设备制造业	1. 3494	0. 7036	1. 5255	0. 8797	1. 1544
交通运输设备制造业	0. 9868	0. 8124	0. 8327	1. 0720	2. 6607

续表

行业	江苏	广东	山东	浙江	上海
电气机械及器材制造业	1.9019	1.8094	0.8139	1.7232	1.2230
通信设备、计算机及其他电子设备制造业	1.6050	3.2422	0.4964	0.5752	2.1987
仪器仪表及文化、办公用机械制造业	3.1662	0.9981	0.8600	1.8165	1.4929

从产业集群发展水平看（见表3－11），江苏只有仪器仪表及文化、办公用机械制造业和电气机械及器材制造业两个行业集群度系数高于其余四省市，特别是仪器仪表及文化、办公用机械制造业集群优势明显。但金属制品业集群度系数低于广东，通用设备制造业低于上海和山东，专用设备制造业低于山东，交通运输设备制造业低于上海和浙江，通信设备、计算机及其他电子设备制造业低于广东和上海，这说明江苏装备制造业集群发展水平与广东、山东、浙江、上海等相比还存在程度不同的差距。

表3－12 2015年东部五省市装备制造业产值利润率 单位：%

行业	江苏	广东	山东	浙江	上海
金属制品业	6.28	5.86	5.81	4.74	5.90
通用设备制造业	7.59	6.46	6.35	6.41	6.42
专用设备制造业	7.37	7.85	6.43	6.34	5.82
交通运输设备制造业	7.90	7.33	5.76	5.77	17.93
电气机械及器材制造业	6.74	6.60	6.31	5.73	7.06
通信设备、计算机及其他电子设备制造业	4.67	5.48	5.49	9.64	2.28
仪器仪表及文化、办公用机械制造业	8.44	7.11	6.75	9.22	11.37

注：行业产值利润率＝行业利润总额/行业总产值。

从集群式创新的产值利润率看（见表3－12），江苏只有金属制品业和通用设备制造业两个行业产值利润率高于其余四省市，特别是通用设备制造业高出其余四省市近1个百分点，这表明其集群式创新的经济效益高于其余四省市平均水平。但专用设备制造业产值利润率低于广东，交通运输设备制造业（相差近10个百分点）和电气机械及器材制造业低于上海，通信设备、计算机及其他电子设备制造业低于浙江、山东和广东，仪器仪表及文化、办公用机械制造业低于上海和浙江，这说明江苏装备制造业集群式创新效益与广东、山东、浙江、上海相比还存在一定差距，特别是交通运输设备制造业和仪器仪表及文化、办公用机械制造业两个行业差距较大。

表3－13　2015年东部五省市装备制造业劳动生产率　单位：万元/人

行业	江苏	广东	山东	浙江	上海
金属制品业	118.54	71.20	168.61	67.54	66.50
通用设备制造业	108.96	78.82	144.85	69.79	111.24
专用设备制造业	107.45	62.35	152.18	70.77	92.36
交通运输设备制造业	140.60	140.35	175.09	101.49	208.47
电气机械及器材制造业	153.91	71.58	186.29	80.80	110.58
通信设备、计算机及其他电子设备制造业	103.55	90.78	161.86	74.76	142.53
仪器仪表及文化、办公用机械制造业	146.51	39.60	137.83	60.97	85.78

注：行业劳动生产率＝行业总产值/行业平均从业人数。

从集群式创新的劳动生产率看（见表3－13），江苏只有仪器仪表及文化、办公用机械制造业一个行业的劳动生产率明显高于其余四省市，而金属制品业、专用设备制造业、电气机械及器材制造业三个行业劳动生产率低于山东，通用设备制造业，交通运输设备制造业，通信设备、计算机及其他电子设备制造业三个行业劳动生产率低于山东和上海，说明江苏装备制造业集群式创新的劳动生产率与山东和上海相比还存在较大差距。

上述分析表明，江苏装备制造业具有集群式创新的良好基础，但只有仪器仪表及文化、办公用机械制造业和电气机械及器材制造业两个行业的集群发展水平明显高于广东、山东、浙江和上海，金属制品业和通用设备制造业两个行业的集群式创新效益明显高于广东、山东、浙江和上海，仪器仪表及文化、办公用机械制造业一个行业的集群式创新劳动生产率明显高于广东、山东、浙江和上海，而其余行业集群式创新能力与广东、山东、浙江和上海相比仍存在程度不一的差距。

第四节　江苏装备制造业集群式创新影响因素

一、模型建立

为进一步分析装备制造业集群式创新的影响因素，本章以装备制造业集群式创新效率(*jqcx*)为被解释变量，选取装备制造业企业规模(*cygm*)、产业集群发展水平(*cyjq*)、网络化联结水平(*wllj*)、科技创新投入(*kjcx*)、生产性服务业发展水平(*scfw*)作为影响装备制造业集群式创新的解释变量，建立如下面板数据模型：

$$jqcx_{it} = \alpha_0 + \alpha_1 cygm_{it} + \alpha_2 cyjq_{it} + \alpha_3 kjcx_{it} + \alpha_4 wllj_{it} + \alpha_5 scfw_{it} + \omega_{it}$$

其中，*jqcx* 为装备制造业集群式创新效率，*cygm* 为装备制造业企业规模，*cyjq* 为产业集群发展水平，*kjcx* 为科技创新投入，*wllj* 为网络化联结水平，*scfw* 为生产性服务业发展水平，α_i($i=0$，1，…，5)为系数，ω 为随机变量。

二、变量定义及数据来源

在变量的数据处理方面，基于超效率指数较好的区分度，在上述模型中，装备制造业集群式创新效率用前文计算的超效率值来衡量，装备制造业企业规模用企业平均规模（行业总产值/企业单位数）来衡量，产业集群发展水平用前文计算的产业集群度系数表示，网络化联结水平用国际互联网用户数和移动电话用户数的加权平均值来衡量，科技创新投入用规模以上工业行业研发经费支出表示，生产性服务业发展水平用知识技术密集型生产性服务业（主要包括金融业，科学研究、技术服务和地质勘查业，信息传输、计算机服务和软件业，租赁和商务服务业四个行业）增加值来衡量。这些变量指标从不同侧面综合反映了装备制造业集群式创新中产业链（价值链）深度及广度，企业间合作及网络化创新程度，产学研协同创新绩效，政府支持及科技中介参与力度，以及区域创新文化氛围等因素的作用及影响，有利于系统深入地剖析装备制造业集群式创新效率的主要影响因素。

所有原始数据均来源于2006～2016年《中国统计年鉴》《江苏统计年鉴》《江苏科技统计年鉴》，对于统计年鉴中没有直接列出的指标数据，则根据该指标的含义计算得出。为消除异方差影响，对所有数据均作取对数处理。

三、单位根及协整检验

为防止出现伪回归，需要检验时间序列的平稳性。根据面板数据模型原理选择IPS、Fisher－ADF、Fisher－PP这三种检验法对各个变量同时检验。可以发现，在5%的显著性水平下，装备制造业产业集群发展水平、科技创新投入、网络化联结水平这三个变量均为平稳序列。而装备制造业集群式创新效率、企业规模、生产性服务业发展水平这三个变量均为非平稳的一阶单整序列，即$I(1)$序列。

进一步对装备制造业集群式创新效率、企业规模、生产性服务业发展水平这三个一阶单整序列进行协整检验，以判断各变量之间是否存在协整关系，结果如表3－14所示。可以看出，在5%的显著性水平下，三个变量之间存在协整关系，这表明装备制造业集群式创新效率、企业规模、生产性服务业发展水平这三个变量因素之间存在着长期稳定的均衡关系，模型建立方程的回归残差是平稳的。因此，可以在此基础上对原方程进行回归，此时的回归结果是较为准确的。

表 3 - 14　江苏装备制造业三个一阶单整变量之间的协整检验结果

检验方法	四个组内统计量		三个组间统计量	
Pedroni 检验 原假设：无协整	Panel v	-0. 570560 (0. 3390)	Group rho	1. 933301 (0. 0616)
	Panel rho	0. 439890 (0. 3622)	Group PP	-2. 926923 (0. 0055)
	Panel PP	-3. 470113 (0. 0010)	Group ADF	-2. 698041 (0. 0105)
	Panel ADF	-3. 774370 (0. 0003)		
Kao 检验 原假设：无协整	ADF		-0. 286080 (0. 0374)	

注：括号内为检验统计值所对应的显著性 p 值。

四、模型检验

Hausman 检验是确定面板模型中采用固定效应还是随机效应的常用方法。利用 Eviews 6. 0 软件对上述公式所建立的面板计量模型进行 Hausman 检验，结果（表 3 - 15）表明，Cross - section random 在 1% 的显著性水平下拒绝原假设，应选择固定效应模型。根据模型检验结果及本章研究目的，采用固定效应的变截距模型进行面板回归分析，说明上述公式确定的模型是合理的。

表 3 - 15　江苏装备制造业集群式创新面板数据模型的 Hausman 检验结果

Test Summary	Chi - Sq. Statistic	Chi - Sq. d. f.	Prob.
Cross - section random	26. 317019	5	0. 0000

五、模型结果

利用 Eviews 6. 0 软件，把相关数据代入上述公式进行计算，可以得到表 3 - 16

所示结果。可以看出，科技创新投入、生产性服务业发展水平两个变量达到了1%的显著性水平，企业规模、产业集群发展水平、网络化联结水平三个变量达到了5%的显著性水平，这表明模型估计效果良好。首先，从系数正负看，生产性服务业发展水平、产业集群发展水平对江苏装备制造业集群式创新效率具有显著的正向推动作用，说明生产性服务业发展和产业集群已成为江苏装备制造业集群式创新的重要动力。其次，从系数大小看，生产性服务业发展水平的系数达1.9675，明显高于产业集群发展水平的作用系数0.0080，结合前文对生产性服务业发展水平变量指标的定义，反映出装备制造业空间集聚过程中，知识技术密集型生产性服务业对装备制造业集群式创新效率的动力效应明显高于普通意义的产业集群。这验证了前文对江苏装备制造业集群式创新效率的分析结论，即江苏装备制造业 TFP 的增长主要来源于技术进步指数的提高，以科技创新和信息服务（包括科技中介服务、金融服务、商务服务等）为核心的知识技术密集型生产性服务业快速发展，能够不断扩展生产可能性最优边界，从而推动装备制造业生产前沿面的不断进步和变化。再次，科技创新投入、网络化联结水平对江苏装备制造业集群式创新效率表现出明显的负相关性，结合前文对变量指标的定义，一方面说明科技研发投入的不足或低效制约了装备制造业集群式创新效率的提升；另一方面也反映出不同行业、企业之间国际互联网的联结标准、基础设施、法律法规、安全性、畅通性及网络化管理水平不高等问题的客观存在，这可能制约了装备制造业的网络化集群及其创新效率的提升。从而验证了前文的分析结论，即以研发创新、管理创新为特征的纯技术效率下降制约了集群式创新效率的进一步提升。最后，企业规模对江苏装备制造业集群式创新效率表现出一定的负相关性，这说明企业规模偏小制约了装备制造业集群式创新效率的提升，甚至导致集群式创新的低效率，这可以从前文集群式创新超效率指数小于 1 的部分行业中得到印证。

表 3－16　江苏装备制造业集群式创新面板数据模型固定效应估计结果

变量	系数	标准误	t 统计量	显著性
常数	－0.0356	0.4392	－0.0811	0.0356
企业规模	－0.0182	0.0371	－0.4897	0.0260
产业集群发展水平	0.0080	0.0232	0.3458	0.0406
科技创新投入	－1.0581	0.3593	－2.9452	0.0045
网络化联结水平	－0.5700	0.9082	－0.6276	0.0325
生产性服务业发展水平	1.9675	0.5342	3.6833	0.0005

注：$R^2=0.980921$，$F=303.8030$，$p=0.0000$.

第五节　江苏装备制造业集群式创新的瓶颈制约

空间集聚、创新效率及影响因素的综合分析表明，江苏装备制造业集群式创新取得较好成效，但仍面临如下瓶颈制约。

一、产业科技创新能力不强

近年来，江苏省研发经费支出占 GDP 比重基本保持在 2.5% 左右，高于全国平均水平但低于主要发达国家水平，且主要投在试验发展研究上，导致应用研究特别是基础研究投入偏低。从可获得的数据看，2014 年全省规模以上工业 R&D 经费投入达 1376.54 亿元，居全国第一。但作为企业研发创新核心动力的基础研究和应用研究经费占比仅 0.7%，不仅远低于广东（5.39%）、山东（3.47%）、天津（3.12%）、北京（1.20%）等省市，也低于全国 2.78% 的平均水平①，更低于发达国家 24% ~58% 的一般水平（根据 2015 年 7 月 23 日江苏省科技统计中

① 李珠桥，王科欣. 2014 年广东工业企业研发情况分析［EB/OL］.［2015－12－28］. 广东统计信息，http：//www. gdstats. gov. cn/tjzl/tjfx/201602/t20160229_ 324611. html.

心发布的《江苏省企业创新能力研究报告》①，在 R&D 经费中，发达国家的基础研究经费一般占 4% ~8%，应用研究经费比重一般超过 20%，最高的接近 50%）。这说明科技研发投入的数量不足、结构失衡、效率不高等因素制约了江苏装备制造业集群式创新效率的稳步提升。在汤姆森路透评选的 2015 年“全球创新企业百强”榜单中，日本、美国、法国分别入选 40 家、35 家和 10 家企业，江苏乃至则全国无一入选。从江苏乃至全国看，装备制造业的集群式创新发展既需要加大研发总量投入，更需要优化研发投入结构，提升研发投入效率。

二、生产性服务业发展滞后

江苏作为我国经济大省之一，制造业总体规模及综合实力居全国前列，但长期面临服务业特别是生产性服务业发展滞后的制约，需要在经济转型升级过程中高度重视生产性服务业发展，特别是以研发设计、金融保险、信息服务、现代物流等为核心的知识技术密集型生产性服务业。从江苏来看，统计表明（见表 3 - 17），江苏生产性服务业占 GDP 比重从 2005 年的 20.46% 增长到 2015 年的 29.55%，10 年间增长了 9.09 个百分点，但除金融业，租赁和商务服务业，信息传输、计算机服务和软件业三个行业增长较快外，其余行业变动较小。其次，从 2015 年江苏与全国的对比看，尽管江苏生产性服务业占 GDP 比重与全国平均水平相当，但具体到行业看，江苏的交通运输、仓储和邮政业，金融业，科学研究、技术服务和地质勘查业比重均低于全国平均水平，这反映出生产性服务业行业发展的差异性和非均衡性。因此，加快发展以科技服务、信息服务、金融业、商务服务等为代表的知识技术密集型生产性服务业，为装备制造业的集群式创新发展提供持续动力支撑。这不仅对江苏的创新发展意义重大，也对我国其他省市的转型发展具有借鉴参考及示范带动作用。

① 江苏省科技统计中心．江苏省企业创新能力研究报告［EB/OL］．［2015 - 07 - 23］．江苏科技统计网，http：//www. jssts. com/.

表 3－17　2005～2015 年江苏省生产性服务业占 GDP 比重　　单位：%

行业	2005 年	2008 年	2012 年	2014 年	2015 年	2015 年全国比重
交通运输、仓储和邮政业	4.29	4.35	4.35	3.98	3.86	4.42
信息传输、计算机服务和软件业	1.58	1.63	2.04	2.43	2.67	2.69
批发和零售业	10.06	10.05	10.55	10.08	9.97	9.61
金融业	2.65	4.19	5.80	7.26	7.56	8.40
租赁和商务服务业	1.21	1.63	2.62	3.79	4.06	2.48
科学研究、技术服务和地质勘查业	0.67	0.88	1.13	1.36	1.42	1.96
生产性服务业	20.46	22.72	26.50	28.90	29.55	29.56

数据来源：《中国统计年鉴 2016》《江苏统计年鉴 2016》。

三、企业规模偏小

从 2015 年江苏与广东、山东、浙江、上海装备制造业企业平均单体规模（行业总产值/企业单位数）对比看（见表 3－18），江苏仅电气机械及器材制造业，仪器仪表及文化、办公用机械制造业两个行业平均规模高于广东、山东、浙江和上海，但金属制品业，专用设备制造业，通信设备、计算机及其他电子设备制造业三个行业的平均规模低于山东，通用设备制造业略高于浙江但低于广东、山东和上海，交通运输设备制造业低于广东、山东。装备制造业规模弱小不仅导致单位产品生产成本偏高，影响规模经济效益，而且导致企业在产业链、价值链、创新链上的延伸带动能力不足，从而制约装备制造业集群式创新及其效率提升。

表 3－18　2015 年五省市装备制造业单体规模比较

行业	江苏	广东	山东	浙江	上海
金属制品业	1.9581	1.7494	2.5417	0.9967	1.2245
通用设备制造业	2.0808	2.2591	2.3846	1.0932	2.1478
专用设备制造业	1.9233	1.7089	2.5847	0.9988	1.6749
交通运输设备制造业	4.2288	6.4722	4.7252	2.0958	2.0958

续表

行业	江苏	广东	山东	浙江	上海
电气机械及器材制造业	3. 9771	2. 9570	3. 8504	1. 5574	1. 5574
通信设备、计算机及其他电子设备制造业	7. 2291	6. 2967	7. 5247	2. 2366	2. 2366
仪器仪表及文化、办公用机械制造业	3. 8513	1. 7874	2. 3756	1. 2905	1. 2905

数据来源：各省市统计年鉴 2016.

四、大企业国际竞争力有待提升

从全球范围看，以跨国公司为主的大型企业是国家和地区参与全球竞争的主导力量。作为装备制造业发展的领军者，江苏大企业近年来取得了快速发展，但与国内外同行相比差距依然明显。首先，创新型领军企业欠缺。广东的华为、中兴，山东的海尔、海信，上海的通用、大众等企业均有着较强的创新能力和国际竞争力，但江苏则缺乏这样的创新型领军企业。再次，品牌影响力较低。2015年世界品牌500强中，美、英、法三国分别占据了228、44和43个；我国内地入选31个，其中包括广东的华为、山东的海尔等知名品牌，但江苏无一入选。这反映出江苏装备制造企业与国内外大企业的差距较为明显，难以有效参与装备制造业的全球竞争。

第六节　企业案例分析

徐工集团是中国工程机械行业规模宏大、产品品种与系列齐全、独具竞争力和影响力的大型企业集团，目前位居中国工程机械行业第1位、世界工程机械行业第5位、中国机械工业百强第2位。企业生产的产品主要有工程起重机械、铲土运输机械、挖掘机械、混凝土机械、道路机械、重卡、专用车辆、桩工机械等主机和工程机械基础零部件产品[72]。为此，本节以徐工集团为例，对徐州工程机械行业集群式创新现状及面临的制约因素等做一案例分析。

一、徐工集团集群式创新现状

一是推动集团内部的企业集群式创新逐步加快。徐工集团秉承“担大任、行大道、成大器”的核心价值观和“严格、踏实、上进、创新”的企业精神，全面贯彻“技术领先、用不毁”的产品理念，坚定走创新引领、迈向中高端的国际化发展道路，大力推进集团内部的企业集群化发展。早在 2010 年，徐工集团就启动实施产业化基地建设项目达 40 余项。2012 年 6 月，集团全地面起重机、装载机智能化、混凝土泵送机械、混凝土搅拌机械四大基地在徐州同时竣工并全面投产。四大基地总占地约 200 万平方米，总投资 120 多亿元，集聚了全地面起重机、装载机、成套混凝土机械三大领域最前沿的工艺技术和最尖端的工艺装备，将新增 5000 台中大吨位起重机、4 万台中大吨位装载机和 2 万台成套混凝土机械产出能力，新增总产能近 400 亿元，极大地推动了徐工集团内部企业的集群式创新发展。2013 年 1 月 18 日，徐工集团凭借深厚的自主创新实力，以“基于大型工程机械自主创新的徐工科技创新体系工程”荣获 2012 年度国家科学技术进步奖二等奖。2014 年 5 月 17 日，徐工集团以雄厚的综合实力、良好的市场口碑和卓越的企业文化，荣膺中国工业大奖，是此次工程机械行业唯一获此殊荣的企业[73]。这是徐工集团继 2010 年“ET110 型步履式挖掘机”、2011 年“全地面起重机关键技术开发与产业化”分获国家科学技术进步二等奖之后，第 3 次为中国工程机械行业赢得的至高荣誉。目前，徐工集团累计掌握核心技术超百项，获授权有效专利近千项。新产品产值率达 55%，拥有自主知识产权的新产品销售率达 95% 以上。根据世界品牌实验室发布的 2016 年《中国 500 最具价值品牌》分析报告，徐工以 430.81 亿元的品牌价值位列第 65，再次居中国工程机械行业之首。

二是推动集团集群式开放创新拓展空间。开放是徐工集团汇聚全球资源的重要路径，也是企业做大做强的根本出路。近年来，徐工集团加快生产国际化步伐以优化产业全球战略布局，重点围绕全球产业升级需要，对高端市场国家进行海外收购获取技术、渠道和管理经验，对市场机制较健全国家采取独资建厂及本土化经营模式实现对区域市场的快速响应，对市场机制欠完善国家采取合资合作方式快速进入当地市场并获取政策支持[74]，通过分类施策稳步推进海外生产基地建设和产业集群发展。以开放倒逼改革、引领创新、促进集群，将全球创新资源为我所用，是徐工集团坚持国际化道路的核心和建设世界级企业的根本。企业集群式开放创新的主要策略，是立足中国、布局全球的科研创新平台、创新人才队伍以及不断完善的激励机制，突出引进消化吸收再创新，积极构建“全球协同+自主研发”的创新体系。目前，徐工集团已在巴西、德国、美国、印度等地建立了全球协同研发平台，初步建立起能够支撑整个徐工国际化拓展的研发和技术平台，显著提高了在相应关键零部件与产品领域的研发能力。这不仅聚集吸引国际创新资源，整合全球资源，而且联合阿里巴巴率先搭建起中国首个工业云平台——徐工工业云，通过“互联网+”手段举行绿色创新大赛，发布公开课题并扩大参赛范围，吸引包括清华大学、西安交通大学、大连理工大学等多所高校及海内外社会研发机构的创新者积极参与，极大地提升了企业集群式开放创新能力。2018年，为“神州第一挖”配套的700吨级超大吨位挖掘机油缸产品成功下线，标志着徐工核心零部件正式进入了全球顶级大吨位挖掘机油缸领域，不仅实现了自主研发挖掘机油缸从400吨级到700吨级的全覆盖，更在超大吨位挖掘机油缸核心技术上向前迈出了坚实的一步；2018年5月，由徐工牵头制定的国际标准ISO129-5：2018《技术产品文件——尺寸与公差标注——第5部分：金属构件尺寸标注》成功发布，成为徐工主持制定并成功发布的首个国际标准，这表明徐工真正登上了国际标准制定的舞台①。

三是推动徐州工程机械行业的集群式创新发展。早在2008年江苏省委省政府就做出振兴徐州老工业基地的重大战略部署，提出加快发展装备制造业。为此，徐州市委市政府制定出台了《振兴徐州老工业基地实施意见》，以推动徐州装备制造业的快速发展。徐州市工程机械制造业作为装备制造业的龙头产业，赢得了难得的历史发展机遇。至2010年年底，以徐工集团为龙头的工程机械及相关配套主机生产企业已具相当规模，其中在徐州市经济开发区集聚各类工程机械企业200余家，在铜山经济开发区集聚了工程机械民营企业100余家（包括整机制造企业20多家和零部件制造企业80余家）。在徐工集团的引领带动下，良好的产业生态环境吸引国际工程机械巨头纷纷来到徐州谋求发展。世界上著名的工程机械公司如美国卡特彼勒、阿文美驰、罗特艾德、约翰迪尔、伟世通、德国蒂森克虏伯、利勃海尔、爱斯科、肯纳金属等世界500强企业也分别以合资、独资方式进入徐州建立生产基地，其产品领域有主机挖掘机、压路机、装载机、凿岩机械、混凝土机械等，配套件主要有车桥、回转轴承等，推动形成了以工程起重机械、道路机械、混凝土机械为代表的徐州工程机械产业集群发展态势。同时，先进的企业文化内含的经营理念、道德准则、目标追求等企业精神迅速成为集群发展的重要精神动力。如徐工集团提出的“严格、踏实、上进、创新”的企业精神，“担大任、行大道、成大器”的核心价值观；卡特彼勒（徐州）公司提出的“诚实、卓越、团队协作、承诺”的核心价值观和“尊重人才、培养人才、以德为先、知人善任”的人才理念；徐州美驰倡导的“追求卓越、诚实正直、团队合作、相互尊重”的企业精神等。在徐工集团、卡特彼勒等龙头企业的带动下，集群内企业不断加强在信息共享、技术合作、配套生产、文化交流等多方面协同发展力度，促进了徐州工程机械产业的规模化、集群化、创新化快速发展。

---

① 徐工集团：创新与坚守 看徐工制造如何迭代［EB/OL］. http://www.wjjw.cn/h-nd-283.html，2018-10-08.

目前，徐州市已拥有工程机械及相关行业企业1000多家，其中规模以上工程机械企业近400家，营业收入占全国工程机械行业总销售收入的20%以上，成为国内工程机械生产企业最多、综合规模最大、品种覆盖面最广、产业集中度最高的城市①。

二、面临的主要制约因素

近年来，以徐工集团为代表的徐州工程机械企业以两化融合为抓手，通过研发平台、制造平台、采购平台、市场平台等方面的资源共享，突破了一批占据行业制高点的高端产品、共性技术和核心专有技术，系统性推进关键共性技术研究、专项工艺技术研究、检测平台建设、信息化管理等核心攻关项目，提升了行业整体的技术创新能力及信息化水平。但同时，由于自主创新薄弱和产品种类较多，加上国内外工程机械行业的激烈竞争，徐州工程机械行业的集群式创新发展还存在诸多制约②：

一是产业科技创新能力不强。徐州工程机械产业集群中，除徐工集团、卡特彼勒等龙头企业具有较强的技术创新实力之外，大多数企业技术创新能力偏弱，核心竞争力不强，制约了行业集群的整体创新能力，迫切需要进一步加大集群内外企业协同创新力度。

二是产品信息化、智能化水平不高。在管理信息化逐步发展的同时，工程机械行业产品信息化的发展也在大步迈进，并从单机智能化、信息化向机群智能化、信息化方向快速发展。目前，徐工集团等龙头企业已基本实现以物联网技术为基础的工程机械远程维护及监控平台，但徐州工程机械行业多数产品在智能化、电子控制、自动监测、机电一体化等方面还不能完全满足客户和市场的需要，急需加大产品信息化创新应用力度。

三是集群企业规模偏小。工程机械行业是一个资本和技术高度密集的行业，

---

①② 徐州工程机械产业集群发展之路［EB/OL］. http：//weekly. lmjx. net/2014/0303. html，2014-3-3.

需要在壮大企业规模的基础上提高研发设计投入和技术创新能力，降低产品生产和交易成本。目前徐州工程机械行业企业达1000多家，但其中规模以上工程机械企业只有近400家，且多数企业的规模与我国工程机械的代表性企业徐工集团、中联重科、三一重工等相比存在较大差距。

四是企业分工协作水平偏低。目前除了徐州经济开发区、铜山新区形成集群规模外，全市大部分工程机械企业分布在云龙、泉山、鼓楼等区域，生产布局相对分散，分工协作能力偏弱，徐工集团的龙头带动优势没有在大多数配套企业身上得到有效发挥，甚至存在重复建设和分散投资现象，不利于提高徐州工程机械行业集中度和集群式创新发展水平。

当前，中国工程机械产业进入了面临新调整、显现新变革、孕育新突破的发展阶段。徐州工程机械企业应抓住新一轮结构调整的机遇，充分发挥徐工集团等龙头企业的引领带动作用，围绕国家重点工程、重点领域和新兴产业需求，把握行业技术发展动向，加快突破工程机械整机制造等关键技术，大力推进工程机械向产业链、价值链高端攀升，不断延伸工程机械主机、关键零部件、特色装备制造、新兴装备制造等产业链条，推进智能制造、绿色制造和产业集群式创新发展，努力把徐州建成更具国际竞争力的世界工程机械之都。

第四章　装备制造业集群式创新的内在机制

第一节　集群式创新学习机制

一、学习机制的构成

产业集群之所以具有竞争力，一方面源于主导产业和关联配套产业空间集聚带来的成本降低和规模经济效益，另一方面也源于基于网络化联结的企业知识技术合作和产业科技创新，典型的如产学研用基于地理空间和网络空间的多元合作形成产业创新网络[30]。其原理在于，由于创新活动的复杂性和风险性，单个企业开展创新活动的难度较大，往往需要多个相关企业及高校、科研部门、科技中介、金融机构的共同参与，创新才可能获得成功，这充分体现出产业集群的网络特性。首先，在产业集群内部，容易产生专业知识、生产技能、市场信息、资本扩张等方面的累积效应。产业集群内部往往集聚着数量众多的关联配套生产企业、高校及科研机构、商会、协会、中介机构、金融机构等，在产生较强的知识、信息及资本累积效应的同时，大量生产企业也时刻面临着同行竞争的压力，这一方面为企业提供了实现创新的重要信息来源及物质基础，另一方面也使集群内的企业时刻保持创新的动力。其次，集群内企业之间紧密的网络关系，使得生产企业和高校、科研部门等相关机构之间更容易形成一个相互学习的整体，推动了集群学习的进程，降低了学习成本，促进了更多有创新价值的技术经济活动的发生。

因此，基于装备制造业产业链长、产业关联度大、技术密集等特征，要着力在集群内上下游企业以及合作竞争对手之间通过正式或非正式的交流建立常态化学习机制。这种学习机制主要从两个层面进行：首先是企业（特别是大型企业引领下）对集群外国内外先进知识技术的动态引进、消化、吸收和创新；其次是集群内企业的互动学习和消化、吸收、再创新（见图4－1）。产业集群发展的国际经验表明，单纯依赖外部技术引入只能使集群永远处于技术追赶的被动落后地位[23]，要保持产业集群的竞争优势，必须在集群内部形成一种相互学习、优势互补、知识共享、自我增强的二次创新机制。鉴于此，笔者认为，装备制造业集群式创新发展需要外部压力和内部动力的协同作用和共同推进，而积极参与全球竞争与合作则是有效化解外部压力和全面激发内部动力的重要途径。反映在产业科技的创新上，就是把知识技术的集群外部学习引进和内部学习再创新有机协调起来，充分发挥外部压力的倒逼作用和内部动力的主导作用，协同推进装备制造业的集群式创新发展。

装备制造业集群要想提高创新能力，必须扩大集群内知识的学习、积累并促进知识的流动。装备制造业集群学习概念中的知识技术包括显性知识与隐性知识两种主要类型。显性知识易通过书面传递而被模仿甚至剽窃，隐性知识难以书面交流因而具有更好的独占性和竞争性。显性知识技术通过多渠道、网络化转移促进集群内企业知识技术的共享，从而提高装备制造业集群式创新能力。隐性知识技术通过集群内企业间面对面的交流和学习进行扩散，转化为集群内企业员工的知识经验和个人技能，再通过这些员工在集群内的流动进一步扩散和传播，从而提升集群核心竞争力。从数量比重看，集群内企业中的显性知识技术一般只占较小比例，更多的是以隐性知识技术存在的。在产业科技问题不断解决和知识不断内化的过程中，隐性知识技术会逐渐程序化、规范化和显性化，进而以成文的形式固化和表达，使隐性知识技术逐步转化为显性知识技术。创新的关键在于显性知识技术的高效转移与隐性知识技术的学习转化，形成知识技术的动态创新，特别是对装备制造业共性关键技术的突破和掌握所急需，从而促进装备制造业集群式创新发展[75]。

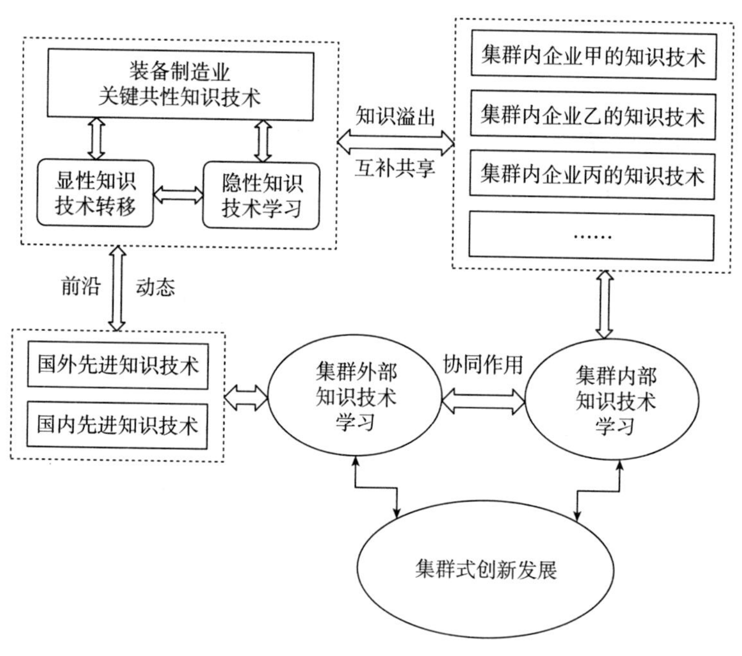

图 4－1　装备制造业集群式学习机制框架

构建装备制造业集群式创新学习机制需要抓好四个关键问题：首先，充分利用龙头企业的综合技术实力，发挥龙头企业的引擎示范作用，引领带动众多中小企业协同创新。这是因为，龙头企业的经营规模和综合实力使其具备更强的能力消化吸收从集群外部获取的知识，并在集群内部通过企业合作创新网络形成外溢效应促进集群创新。其次，充分调动集群内企业（尤其是关联配套的中小企业）互动学习的主观能动性。要促进企业间互动学习和知识外溢，形成良好的集群学习氛围，就必须转变企业封闭式创新的传统思维，培育企业特别是企业家开放协作的创新理念和创新精神，激发企业间相互学习的积极性、主动性。再次，大力营造良好的集群学习环境。鼓励龙头企业加快自主创新步伐，引导关联企业开展协作创新，提高集群内企业间互动学习的知识技术存量。畅通知识技术溢出通道，以保障集群内企业能从中学到所需的先进知识技术，提高企业的知识技术储备。培育集群内企业间合作竞争的理念，以集群发展共同的目标增进相互信任，促进分工协作和有序竞争。最后，政府部门给予政策层面的支持和引导。地方政府及职能部门积极履行店小二职能，制定相应措施保障集群企业间人才流动的顺畅性。建立为产业集群提供技术信息和技术支持的知识中心性机构，为集群管理和服务提供支持与帮助的管理服务机构，引导企业把握产业科技前沿动态，推动集群与外部企业及相关机构的交流与合作，促进外部知识技术的流入和集群的创新发展。

二、学习网络的构建

为进一步分析装备制造业集群式创新学习机制，本部分采用社会网络分析法，以徐工集团、卡特彼勒、利勃海尔等代表性企业为例，通过构建知识技术学习创新网络，试图从一个侧面剖析徐州工程机械产业集群的创新网络。

（一）徐州工程机械产业集群概况

装备制造业是支撑徐州经济社会发展的六大千亿元产业之一，而工程机械产业则是徐州装备制造业的主导产业，是构建徐州现代工业产业体系的领军行业和支柱产业。经过多年培育发展，目前徐州已拥有规模以上工程机械制造企业近400家，集聚了徐工集团、卡特彼勒、利勃海尔、爱斯科等国内外工程机械巨头，具备雄厚的产业基础和较强的行业竞争优势，荣膺“中国工程机械之都”称号。徐州不仅是国内工程机械生产企业最多、综合规模最大、品种覆盖面最广、产业集中度最高的城市，同时还是国内最大的工程机械租赁、物流业和配件基地，尤其是全国路面机械租赁中心，正加快实现从“中国工程机械之都”到“世界工程机械之都”的角色地位转变。

目前，中国工程机械已经形成了徐州、长沙、常州、厦门、济宁、柳州六大生产重镇。徐州工程机械行业正面临全球市场调整和国际国内的激烈竞争，迫切需要构建集群内外先进知识技术的交流学习和互动创新网络，推动徐州工程机械行业的集群式创新发展。

（二）数据来源

装备制造业企业在进行技术创新过程中，通过与集群内外的企业、科研机构等创新主体合作，在集群内和集群间形成了复杂的技术创新学习网络，可以利用社会网络分析的方法对其进行深入研究[76]。社会网络分析擅长处理关系数据，如企业甲与企业乙进行技术创新合作，就表明甲、乙两个企业之间存在学习关系。为此，本部分将采用企业访谈、文献分析和网络信息检索相结合的方法，收集整理徐州工程机械产业集群创新社会网络及其空间变化特征指标。企业访谈主要是通过笔者及相关成员对徐工集团、卡特彼勒、利勃海尔等代表性企业进行面对面或电话交流获取数据资料。文献分析则通过中国知网查阅徐工集团等工程机械企业及行业文献资料。网络信息检索主要通过百度搜索中输入“工程机械企业甲名称 + 企业乙名称 + 集群式创新网络”等关键词获取企业间交流学习信息。数据来源按准确性、重要性、关联性确定的先后顺序为“企业访谈数据 > 中国知网数据 > 百度搜索数据”，据此确定最终的产业集群式创新学习网络关系数据矩阵。鉴于徐州规模以上工程机械制造业企业多达近 400 家，笔者遴选了企业规模较大、品牌知名度较高、产业关联性较强的 23 家代表性企业（见表 4 – 1），通过建立企业间学习关系矩阵进行分析。

表 4－1　徐州工程机械产业集群式创新学习网络代表性企业

编号	企业名称	编号	企业名称
1	徐工集团	13	徐州威马机械有限公司
2	卡特彼勒（徐州）有限公司	14	徐州久发工程机械有限公司
3	徐州利勃海尔混凝土机械有限公司	15	徐州天晟工程机械集团
4	徐州罗特艾德回转支承有限公司	16	徐州万都机械有限公司
5	爱斯科（徐州）耐磨件有限公司	17	徐州美驰车桥有限公司
6	徐州徐挖约翰迪尔机械制造有限公司	18	江苏跃进正宇汽车有限公司
7	肯纳金属（徐州）有限公司	19	常州天正工业发展股份有限公司
8	徐州正菱徐挖有限公司	20	凯地钻探（北京）股份有限公司
9	徐州昊意工程机械科技有限公司	21	江苏省交通工程集团
10	徐州徐筑科技有限公司	22	河南国际合作集团有限公司
11	徐州福曼随车起重有限公司	23	芬兰赫德米亚公司
12	徐州凯诺机械有限公司		

资料来源：中国工程机械工业协会，徐州市工程机械商会，《徐州统计年鉴 2016》。

（三）学习网络的主要特征

根据徐州工程机械企业学习关系矩阵，运用 Ucinet 6.0 软件绘制出 23 家代表性企业集群式创新学习关系网络图，如图 4－2 所示，清晰地展示了以 23 家企业为代表的徐州工程机械产业集群式创新学习网络关系，这表明这些企业之间存在由知识外溢、互补共享等带来的学习联系。

中心性是衡量徐州工程机械产业集群式创新学习网络中心性的重要指标。在网络中处于中心位置的企业更容易为产业科技创新所需资源及信息，因而拥有更大的学习创新主导性和影响力。按照学习关系联系数量大于 35 对分数据并进行可视化和中心度分析，可以得到图 4－3 和表 4－2 所示的结果，各企业在集群式创新学习网络中的节点中心性具体如下。

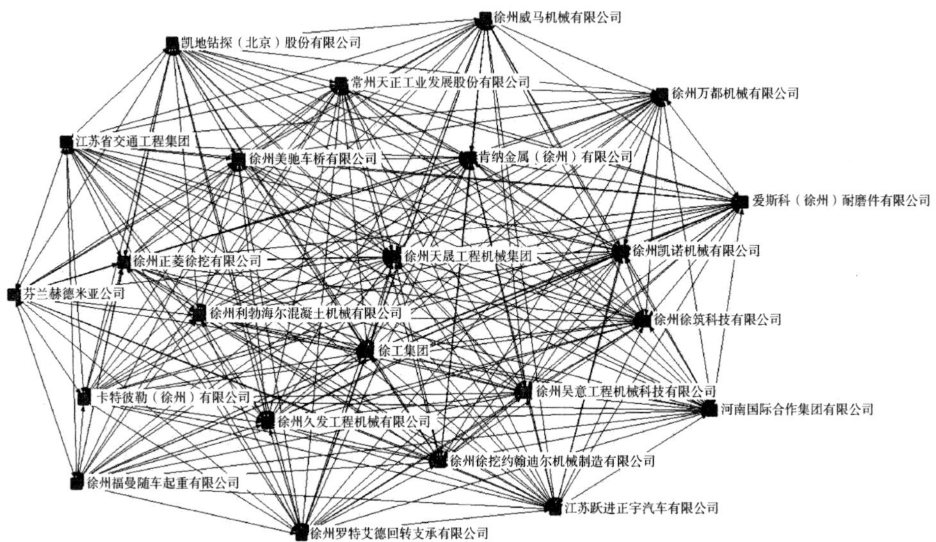

图 4－2　徐州工程机械产业集群式创新学习网络可视图

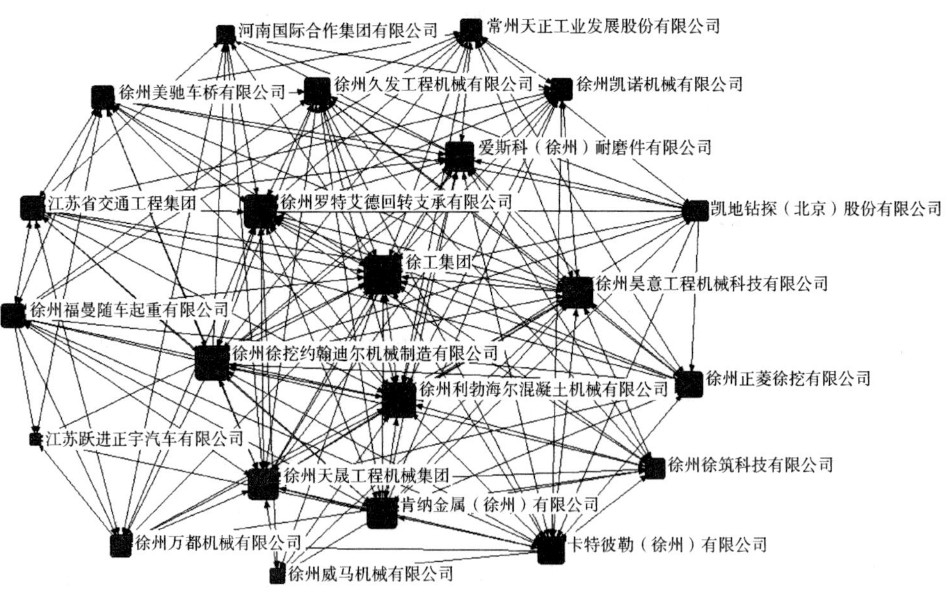

图 4－3　徐州工程机械产业集群式创新学习网络中心性可视图

表 4-2　徐州工程机械产业集群式创新学习网络中心度

企业名称	点出度	点入度	标准化点出度（%）	标准化点入度（%）
徐工集团	19.000	20.000	86.364	90.909
徐州利勃海尔混凝土机械有限公司	17.000	19.000	77.273	86.364
徐州罗特艾德回转支承有限公司	16.000	18.000	72.727	81.818
徐州徐挖约翰迪尔机械制造有限公司	19.000	15.000	86.364	68.182
徐州天晟工程机械集团	17.000	17.000	77.273	77.273
徐州昊意工程机械科技有限公司	16.000	17.000	72.727	77.273
爱斯科（徐州）耐磨件有限公司	16.000	14.000	72.727	63.636
肯纳金属（徐州）有限公司	17.000	13.000	77.273	59.091
卡特彼勒（徐州）有限公司	14.000	13.000	63.636	59.091
徐州久发工程机械有限公司	13.000	14.000	59.091	63.636
徐州正菱徐挖有限公司	12.000	14.000	54.545	63.636
江苏省交通工程集团	12.000	11.000	54.545	50.000
徐州凯诺机械有限公司	10.000	12.000	45.455	54.545
徐州美驰车桥有限公司	13.000	9.000	59.091	40.909
徐州徐筑科技有限公司	10.000	11.000	45.455	50.000
徐州福曼随车起重有限公司	11.000	10.000	50.000	45.455
常州天正工业发展股份有限公司	11.000	10.000	50.000	45.455
徐州万都机械有限公司	9.000	10.000	40.909	45.455
凯地钻探（北京）股份有限公司	9.000	9.000	40.909	40.909
河南国际合作集团有限公司	7.000	7.000	31.818	31.818
徐州威马机械有限公司	4.000	7.000	18.182	31.818
江苏跃进正宇汽车有限公司	3.000	5.000	13.636	22.727
芬兰赫德米亚公司	2.000	3.000	9.091	13.636

（1）点出度。点出度是企业向其他企业发出学习关系次数的量化，即学习矩阵中某企业所在行上所有量化数据之和。徐州工程机械产业集群式创新学习网络中，点出度最大的依次是徐工集团（19）、徐州徐挖约翰迪尔机械制造有限公司（19）、徐州利勃海尔混凝土机械有限公司（17）、徐州天晟工程机械集团（17）、肯纳金属（徐州）有限公司（17）五家企业。相较其他企业员而言，它

们拥有的主动学习联结关系更多，所以这五家企业是集群式创新学习网络的意见领袖。

（2）点入度。点入度是企业接受其他企业学习关系次数的量化，即学习矩阵中某企业所在列上所有量化数据之和。徐州工程机械产业集群式创新学习网络中，点入度最大的依次是徐工集团（20）、徐州利勃海尔混凝土机械有限公司（19）、徐州罗特艾德回转支承有限公司（18）、徐州天晟工程机械集团（17）、徐州昊意工程机械科技有限公司（17）五家企业。相较其他企业员而言，它们拥有的承接学习联结关系更多，所以这五家企业是集群式创新学习网络的媒介领袖。

（3）标准化点出度。标准化点出度是某企业点出度与该企业在学习网络中最大可能的关系数的比值，表示该企业主动关注网络中其他企业学习关系的比例，其大小顺序与点出度一致。因此，徐州工程机械产业集群式创新学习网络中，徐工集团、徐州徐挖约翰迪尔机械制造有限公司两家企业均关注了网络中86.364%的企业学习关系，徐州利勃海尔混凝土机械有限公司、徐州天晟工程机械集团、肯纳金属（徐州）有限公司三家企业均关注了网络中77.273%的企业学习关系。

（4）标准化点入度。标准化点入度是某企业点入度与该企业在学习网络中最大可能的关系数的比值，表示该企业被网络中其他企业关注学习关系的比例，其大小顺序与点入度一致。因此，徐州工程机械产业集群式创新学习网络中，徐工集团被网络中90.909%的企业关注学习关系，徐州利勃海尔混凝土机械有限公司被网络中86.364%的企业关注学习关系，徐州罗特艾德回转支承有限公司被网络中81.818%的企业关注学习关系，徐州天晟工程机械集团、徐州昊意工程机械科技有限公司两家企业均被网络中77.272%的企业关注学习关系。

综上可以看出，在徐州工程机械产业集群式创新学习网络中，徐工集团居于整个学习网络的核心，属于第一层次的中心企业，拥有更大的学习创新主导性和影响力，是产业集群式创新学习网络的主要引领者。第二层次的中心企业是徐州利勃海尔混凝土机械有限公司、徐州罗特艾德回转支承有限公司、徐州徐挖约翰迪尔机械制造有限公司四家企业，它们拥有较大的学习创新主导性和影响力，是产业集群式创新学习网络的重要引领者。第三层次的中心企业是徐州昊意工程机械科技有限公司、爱斯科（徐州）耐磨件有限公司、肯纳金属（徐州）有限公司、卡特彼勒（徐州）有限公司四家企业，它们拥有一定的学习创新主导性和影响力，是产业集群式创新学习网络的重要骨干。其余十四家企业属于第四层次，对网络学习创新的主导性和影响力相对较小，但构成了产业集群式创新学习网络的良好基础。

三、学习网络的完善

（一）充分发挥徐工集团的创新引领作用

学习网络的分析表明，徐工集团是徐州工程机械产业集群式创新的主要引领者，需要进一步发挥其在整个学习网络中的引领带动和桥梁纽带作用，推动网络中其他企业的共同学习、知识溢出和技术进步，激发集群内生的原始创新和集成创新能力。如徐工集团着力建设的全球产品协同研发，目前已在美国、德国和中国的上海、南京及徐州建设了研发基地，全球研发人员共享研发平台数据[77]，迈出了创新引领的重要一步。目前，我国工程机械行业很多关键零部件的核心技术仍然受制于人，通过集群自身学习增强自主创新能力显得尤为迫切。因此，为适应全球化竞争，抢占工程机械行业发展先机，徐工集团要加快调整研发设计战略，由专注产品开发向更加注重共性技术、核心技术、专有技术的深度研究转变，聚力实现施工应用技术、液压传动技术、动力传动技术、智能控制技术、结构优化技术五大专业方向关键核心技术的突破创新，引领带动徐州工程机械产业的集群化创新发展。

（二）积极发挥网络骨干企业的中坚传导作用

卡特彼勒、利勃海尔、罗特艾德、美驰车桥、约翰迪尔、爱斯科、肯纳金属等企业大都为世界工程企业巨头和世界500强企业参股的中外合资和外商独资企业，其母公司均拥有强大的科技创新综合实力。改革开放，特别是20世纪90年代以来，徐州工程机械行业先后从美国、德国、日本、英国等发达国家引进先进技术和设备，先后与世界工程机械行业著名的卡特彼勒、利勃海尔、克鲁伯、美驰等一流国际化大公司建立了战略合作关系。通过技术引进和战略合作，徐州工程机械制造业学到许多先进的技术和企业管理经验，为徐州工程机械制造业研制开发高端产品打下了坚实的基础，更对推进整个行业的技术进步起到了非常积极的作用。但中心度的分析表明，卡特彼勒、美驰车桥、爱斯科等企业并未成为徐州工程机械产业集群式创新学习网络的重要骨干，要进一步创新合作方式，可以采取技术入股、资产重组、兼并收购等多种方式加强产业科技创新合作，通过引进消化吸收再创新提升徐州工程机械产业科技含量。

（三）全面加强同集群外部先进科技企业的学习合作

工程机械行业具有典型的资本和技术双密集特征，雄厚的资本是企业开展技术创新的基本保障，强大的技术创新能力是企业提升全球竞争力的重要支撑，在开放经济环境下既要坚持自主创新不动摇，也要注重加强与国内外先进科技企业的交流合作。如芬兰赫德米亚公司是一家致力于将研究创新成果产业化、科技开发以及为成长型企业服务的高技术企业，常州天正工业发展股份有限公司主营工业互联网和信息化，需要进一步加强与这些企业的交流合作，提升徐州工程机械行业科技创新和信息化、智能化发展水平。

（四）积极借助互联网放大集群式创新核心优势

集群式创新的核心优势是创新功能在一定空间的高度集成。在集群式创新中，整个集群的创新功能是由产业链环各企业共同实现的，每个企业从事自己最具优势环节的创新活动，通过创新链集成以实现整体创新功能。显然，由这些强势创新环节聚合形成的集群创新链比单个企业创新能力的简单叠加更为强健。而且，这种集群式创新的优势会随着互联网、大数据等信息科学技术的进步而产生马太效应[78]。此外，在集群式创新中，每一个创新功能单元与其他功能单元并非简单线性关联，而是一种复杂的网络关联，由此形成的产业集群式创新链具有网络性、可达性、灵活性等特征，便于集群创新链的网络组合和动态优化，从而提升工程机械集群的整体创新能力。因此，徐州工程机械行业在通过主导和关联企业地理位置上的集中或邻近（实体空间）促进集群式创新的同时，随着现代信息技术的快速发展，也可以积极运用互联网等信息技术打破产业的物理空间阻隔，构建基于信息化网络虚拟邻近（虚拟空间）的产业集群式创新[21]，从而获得信息化条件下工程机械行业集群式创新的新优势。

综上，就集群发展的规律及创新特征而言，进一步完善徐州工程机械产业集群的学习创新网络，并借鉴推广至装备制造业其他产业集群，对江苏装备制造业的集群式创新发展无疑具有重要的推动作用。

第二节　集群式创新产学研合作机制

产学研合作对于发挥企业、高校和科研机构各自的资源优势，实现产业发展要素的最佳组合，推动产业科技创新和促进产业升级等有着重要的意义，因而受到世界各国的普遍重视。党的十九大报告明确提出，要深化科技体制改革，建立以企业为主体、市场为导向、产学研深度融合的技术创新体系。装备制造业具有技术含量高、系统集成度高、产业链条长、集群式发展等特征。而高等学校和科研院所在先进知识技术创造、高端研发人才培育、研发平台服务等方面具有独特优势，是所在区域知识和技术最重要的创造机构之一。因此，建立和完善产学研合作机制，对装备制造业的集群式创新发展具有十分重要的推动作用。

一、产学研合作的三螺旋理论

产学研合作通常涉及包括企业、高校和科研机构、政府、科技中介机构、金融机构等在内的多个不同性质的合作主体[79]。企业是产学研合作的主导者，也是产学研成果转化的市场推动者。成果转化贯穿产学研合作全过程的核心，从合作环境的建立、合作政策的完善到合作成果的展示，均直接作用或服务于成果的转化，这是产学研合作的核心要义。高校和科研机构是产学研合作开展技术创新的主体，在产学研合作中具有知识技术创新和人才培养两个方面的重要作用[80]。一方面，高校和科研机构是知识技术创新的主体，通过创造知识技术理论和应用技术成果，为企业科技创新提供理论基础和应用支撑，从而成为科技创新成果转化的理论和应用策源地；另一方面，高校与科研机构作为知识创新的主体还担任着人才培养的重任，为企业科技创新提供人力资源和智力支撑，从而成为科技创新成果转化的人才培养基地。政府是产学研合作的环境建设主体，为产学研合作创新营造良好的政策和法律环境，保障产学研合作的持续健康运行。市场经济的大环境下，政府出台政策和制定法律的好坏往往直接影响甚至决定产学研合作整体效率的高低。科技中介机构和金融机构等相关辅助机构是产学研合作中的服务主体，包括创业创新服务中心、行业协会、资本市场、劳动力市场以及技术市场等组织机构，主要为产学研合作提供资金、技术、管理、投资、信息等各方面服务，在产学研合作中发挥桥梁和纽带的作用，促进产学研科技创新和成果转化（见图 4 -4）。

20 世纪 90 年代中期，亨利·埃茨科维兹和洛艾特·雷德斯多夫基于产学研合作主体提出了著名的官、产、学三螺旋理论，用来分析在知识经济时代产业、高校和科研机构、政府之间的合作互动关系。被学界认为开创了一个创新研究的新领域、新范式[81]。三螺旋理论认为，官、产、学作为科技创新的三大主体，三者根据市场要求而联结起来，形成三种力量相互作用、交叉影响的三螺旋关系，共同推动科技创新和生产力转化（见图4－4）。三螺旋理论的核心意义在于将具有不同创新功能和价值体系的企业、高校和科研机构、政府等融为一体，形成产业领域、知识领域和行政领域的三力合一，通过增强三者之间的有效互动来优化创新资源配置，实现知识理论和产业科技创新系统的不断融合和跨越提升，从而促进经济社会的可持续发展。从图4－4也可以看出，与三螺旋理论强调官、产、学在产学研合作的主体地位相似，随着科技创新的系统性、复杂性，学界也越来越强调科技中介机构、金融机构等辅助机构对提升产学研合作绩效的重要性。

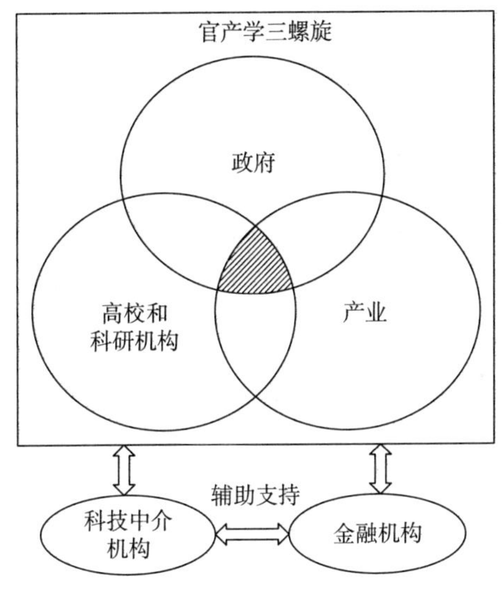

图4－4　产学研合作框架图

利用博弈论可以对政府介入产学研合作的三螺旋理论作进一步解释[82]。假定高校、科研机构的产学研合作成本为 $c(c\geqslant 0)$，企业的产学研合作成本为 $d(d\geqslant 0)$，合作成本包括双方的信息搜寻成本、机会成本、风险成本等。p 和 q 分别表示高校、科研机构和企业均选择独立开展科技创新活动时的预期收益。e 和 f 分别表示高校和企业均选择合作开展科技创新活动时各自的预期收益增量。

由此形成的产学研合作博弈矩阵如表 4－3 所示。可以看出，该博弈在高校、科研机构和企业双方合作所得净收益增量为非正数时($e-c\leqslant 0$，$f-d\leqslant 0$)，纳什均衡是显而易见的。由于合作要付出成本，经过反复剔除劣势策略，高校、科研机构和企业都会选择不合作的占优策略，形成(不合作，不合作)的博弈均衡。这时的产学研合作就需要政府外部力量的介入，使双方的合作所得净收益增量为正数($e-c>0$，$f-d>0$)，从而使(合作，合作)成为一种纯策略纳什均衡。

表 4－3　产学研合作博弈收益矩阵

	企业合作	企业不合作
高校、科研机构合作	$[p+(e-c),\ q+(f-d)]$	$(p-c,\ q)$
高校、科研机构不合作	$(p,\ q-d)$	$(p,\ q)$

现实经济环境中比较多见的情形是，高校、科研机构和企业在产学研合作中所得净收益增量都为正数，双方均能享受到产学研合作带来的利益。此时，该博弈模型有（合作，合作）和（不合作，不合作）两个纯策略纳什均衡。但由于信息不对称或信息搜寻成本过高，可能出现（不合作，不合作）的囚徒困境。这就需要政府制定积极政策引导企业和高校、科研机构进行产学研合作，凸显出政府参与对产学研合作的促进和保障作用。

二、产学研合作的主要模式

从内涵及表现形式看，产学研合作属于一种产业技术创新联盟。早在 2008 年，科技部、财政部、教育部等六部委就联合出台了《关于推动产业技术创新战略联盟构建的指导意见》（国科发政〔2008〕770 号），明确提出要遵循市场经济规则，积极探索多种、长效、稳定的产学研联盟机制。从国内外装备制造业集群发展和产业科技创新的实践看，产学研合作主要有项目纽带合作、联合技术中心、科技园区、企业附属研究院等模式。

（一）项目纽带合作模式

项目纽带合作是一种比较松散的合作模式，包括项目委托、联合研发、技术转让等多种形式。其主要特点是装备制造企业、大学、科研院所等以具体产业技术项目为纽带，通过签订协议建立合作关系，项目完成后合作关系自然解除。如南京高精齿轮集团有限公司作为南京风电装备产业集群内龙头企业之一，是一家以专业生产高速重载齿轮为主的大型企业，名列中国机械工业核心竞争力100强[83]。公司通过与集群内外的清华大学、东南大学、南京航空航天大学、武汉交通科技大学、江苏机械设计研究院、马鞍山钢铁设计院、北京钢铁设计院等建立项目合作关系，共同研发了风力发电机组主传动齿轮箱这一核心关键技术和产品，以及建材、冶金、铁路机车、石化专用齿轮箱等一系列产品，巩固和提升了公司在中国齿轮行业的龙头地位。从实践看，由于装备制造业技术含量高，单靠企业自身力量有时难以突破，而项目纽带合作是一种相对松散但比较灵活的产学研合作模式，因而被企业广泛采用。

（二）联合技术中心模式

这种模式主要是通过高校、科研机构和企业签订合同，合作设立技术开发中心、重点实验室等相对独立的研发机构。其主要特征是权责明确，互利共赢。联合技术中心一般由官产学研三方共建，即企业出资，政府引导和扶持，高校和科研机构发挥科研及人才优势，企业为运作主体，协同开展产业技术研发和成果转化[84]。如河南焦作市装备制造技术研究中心就是在市政府的引导和支持下，由焦作市科技局、河南中轴控股集团股份有限公司等装备制造企业、大连理工大学、河南理工大学、焦作大学等高校及科研机构三方共同筹建，由中轴集团等焦作市装备制造骨干企业出资成立的①。该中心将遵循“政府搭桥、市场导向、企业主体、协同创新”的基本原则，充分发挥官产学研合作优势，以装备制造业企

① 焦作市打造装备制造业研发创新平台升级版［EB/OL］. http：//www. henan. gov. cn/zwgk/system/2015/10/26/010594193. shtml，2015 -10 -26.

业的科研需求及产业共性关键技术为主要研究方向，打造集科技研发、成果转化、产业化基地和高端人才培养于一体的技术创新平台载体，形成政产学研用密切结合的一体化技术创新联盟，推动焦作市装备制造业的转型升级和集群发展。

（三）科技园区模式

这种模式通过政府、高校、科研机构和企业共同合作，以推动产业科技创新和区域经济发展为目标，以市场经济为基础，资金和项目为纽带，大学和科研院所的技术和人才为依托，通过签订合同、协议等法律文件，按照社会化运作方式建立的区域性产业科技园[85]。目前，我国的科技园区已经初步形成了研究基地、孵化基地和产业基地的有机链接，通过园区小资金撬动社会大资金、引入风险投资等多种方式扩大资本规模，形成了园区内的产业群、企业家群，进而产生规模集聚效应，促进了以装备制造、信息通信、软件开发等为代表的高技术产业集群的快速发展。科技园模式是产业技术创新联盟的高级形式，需要有实力和运作能力的企业或者科研院所牵头，并得到地方政府的政策扶持。如南京大学—鼓楼高校国家大学科技园，是2001年5月由国家科技部、教育部认定的中国首批国家级大学科技园，科技园由南京市鼓楼区政府与南京大学、河海大学、中国药科大学、南京师范大学、南京工业大学、南京邮电大学、南京医科大学等九所高校共同创建，集研发、孵化、技术贸易和科研成果转化于一体。科技园以建设国际一流科技园为目标，借助“九校一府”的组织模式和“政产学研金”相结合的创新体系，相继引进了朗讯科技、艾默生电气、阿尔卡特等世界五百强企业研发中心，有效链接起政府、高校、科研机构、企业、市场等互补性资源，集聚形成通信研发、软件开发、电力自动化、生物医药、化工新材料等多个特色产业集群。

（四）企业自建研究院模式

这种模式主要根据企业科技创新和长期发展总体定位和目标要求，在该企业内部建立附属研究院，负责核心技术和关键技术的基础研究和技术创新。同时以合同契约的形式加强与高校、科研机构的合作，联合开展科技攻关和人才培养，研究开发具有自主知识产权的高科技产品。企业附属研究院是产学研合作的一种特殊形式，其优势是能够让企业进行有针对性的技术开发，以掌握核心科技，使研发的产品更贴近市场需求，从而增强企业的市场竞争力[85]。如2008年由江苏省和徐工集团共同投资成立的江苏徐州工程机械研究院，下设技术研究中心、产品研发中心、实验中心、工程技术中心、工业设计中心、研发管理中心等六大中心，是徐工集团的核心研发机构。研究院通过与美国麻省理工学院、德国亚琛工业大学IFAS学院、英国南安普顿大学，以及国内清华大学、吉林大学、西安交通大学、中国航空航天大学等三十所国内外知名高校、科研院所进行产学研合作，重点开展核心技术研究、实验技术研究、新产品及核心零部件试制、全新门类产品的研发等产业科技创新工作，攻克了一批关键技术、核心技术，拥有了自主知识产权的产品和核心零部件，在增强企业核心竞争力的同时也促进了徐州工程机械产业集群的规模化、创新化发展。

三、产学研合作效率评价

江苏作为我国制造业大省之一，装备制造业集群发展的特征鲜明，高校和科研机构数量众多，具有开展产学研合作的良好基础和比较优势。为此，本部分尝试对江苏装备制造业产学研合作效率进行定量评价和横向比较。

（一）评价模型

产学研合作创新是一种典型的多投入、多产出的科技创新活动，数据包络分析（DEA）方法为产学研合作创新效率评价提供了良好的方法支撑。目前应用最广泛的DEA模型包括固定规模报酬的CCR模型和可变规模报酬的BCC模型。考虑到产学研合作具有一定的规模收益递增或递减特征，本部分选择基于产出导向的经典BCC模型[86]，对江苏装备制造业产学研合作效率进行测度和评价。其基本思路为：设有n个决策单元$DMU_i(j=1, 2, \cdots, n)$，DMU_i的输入、输出向量分别为

$$X_j = (x_{1j}, x_{2j}, \cdots, x_{mj})^T > 0, j = 1, 2, \cdots, n$$

$$Y_j = (y_{1j}, y_{2j}, \cdots, y_{sj})^T > 0, j = 1, 2, \cdots, n$$

上式中，m 为输入指标的个数，s 为输出指标的个数。由此构建 BCC 模型线性约束方程组的具体表达形式为

$$\min_{\lambda,\theta}\theta$$

$$\text{s. t. } \sum_{j=1}^{n} x_j\lambda_j \leqslant \theta x_0$$

$$\sum_{j=1}^{n} y_j\lambda_j \geqslant y_0$$

$$\sum_{j=1}^{n} \lambda_j = 1, (\lambda_j \geqslant 0, j = 1, 2, \cdots, n)$$

其中，x_0、y_0 为决策单元 DMU_0 的投入、产出向量，λ 为 n 个决策单元的组合比例，θ 决策单元投入相对于产出的效率值。鉴于传统 *DEA* 模型对决策单元的效率评价值介于 0 ~ 1 而缺乏区分度，笔者进一步采用第三章的超效率 *DEA* 模型作进一步区分，以比较江苏装备制造业产学研合作效率与我国其他地区的差异。

（二）指标选择及数据来源

指标选择是评价江苏装备制造业产学研合作效率的关键，能够收集到反映产学研合作的原始数据当然最好，但现有统计资料中并没有明确的产学研合作数据，企业基于商业机密的考虑也大多不愿提供相关资料及数据。为此，本书从现有统计资料出发，选择了能够基本反映产学研合作创新效率的投入、产出指标，以对江苏装备制造业产学研合作效率进行相对科学的测度和评价。投入指标主要包括人才和资金等方面的要素投入，具体选择 R&D 人员全时当量、R&D 经费内部支出和 R&D 经费外部支出三个指标来衡量协同创新投入。产出指标需满足企业、高校和科研机构、政府等合作主体的需求。企业主要追求经济效益的产出，可用发明专利申请量和新产品销售收入衡量其创新能力与创新成果转化能力。高校和科研机构主要追求科技成果产出，可用发明专利申请量衡量其知识理论和技术创新成果。政府追求产业发展对地区生产总值的贡献，可用装备制造业总产值

衡量产业发展的贡献程度。具体指标如表 4 - 4 所示。

表 4 - 4　装备制造业产学研合作创新投入产出指标

投入指标	指标含义	产出指标	指标含义
R&D 人员全时当量	研发人力资源投入	企业发明专利申请量	企业科技创新能力
R&D 经费内部支出中政府支出额	政府研发资金投入	企业新产品销售收入	企业创新成果转化
R&D 经费内部支出中企业支出额	企业研发资金投入	高校和科研机构发明专利申请量	高校和科研机构创新能力
R&D 经费外部支出中对高校支出额	企业对高校研发资金投入	装备制造业总产值	政府支持产学研合作收益
R&D 经费外部支出中对研究机构支出额	企业对研究机构研发资金投入		

数据全部来源于《2016 中国工业统计年鉴》《2016 中国科技统计年鉴》《2016 江苏统计年鉴》，共收集整理 2015 年我国 31 个省（自治区、直辖市）规模以上工业行业相关指标数据。由于上述统计年鉴涉及的地区数据只按规模以上工业统计，并没有细分到装备制造业。为相对准确起见，笔者按照全国规模以上装备制造业相应指标占工业比重换算为各地区规模以上装备制造业相应指标数据。

（三）评价结果

根据上述评价模型，分别运用 DEAP 2.1 和 DEA - Solver 5.0 统计分析软件进行运算，得到我国各地区装备制造业产学研合作效率值，结果见表 4 - 5。可以看出，全国有广东、北京、上海、重庆、江苏、山东、青海、安徽、浙江等 17 个省（自治区、直辖市）装备制造业产学研合作的综合效率、纯技术效率、规模效率均等于 1，这说明这些地区装备制造业产学研合作属 DEA 有效状态，投入与产出基本匹配，处于规模报酬不变状态。而辽宁、四川、陕西、海南、湖南、湖北、云南、天津、河北等 14 个省（自治区、直辖市）装备制造业产学研合作的综合效率、规模效率均小于1，这说明这些地区产学研合作属DEA低效状态，即在现有投入下产出不足，或是在现有产出下投入冗余，基本呈规模报酬递减状态，需要进一步提升产学研合作管理水平，优化产学研合作投资结构及资源配置，提高产学研合作投入产出效率。

表4-5　2015年我国各地区装备制造业产学研合作创新效率

地区	综合效率	纯技术效率	规模效率	规模报酬	超效率值
广东	1.0000	1.0000	1.0000	—	1.5069
北京	1.0000	1.0000	1.0000	—	1.3570
上海	1.0000	1.0000	1.0000	—	1.2890
重庆	1.0000	1.0000	1.0000	—	1.1906
江苏	1.0000	1.0000	1.0000	—	1.1583
山东	1.0000	1.0000	1.0000	—	1.1397
青海	1.0000	1.0000	1.0000	—	1.1253
安徽	1.0000	1.0000	1.0000	—	1.1100
浙江	1.0000	1.0000	1.0000	—	1.1054
河南	1.0000	1.0000	1.0000	—	1.1014
黑龙江	1.0000	1.0000	1.0000	—	1.0853
福建	1.0000	1.0000	1.0000	—	1.0752
广西	1.0000	1.0000	1.0000	—	1.0412
新疆	1.0000	1.0000	1.0000	—	1.0186
贵州	1.0000	1.0000	1.0000	—	1.0071
吉林	1.0000	1.0000	1.0000	—	1.0029
江西	1.0000	1.0000	1.0000	—	1.0023
辽宁	0.9330	1.0000	0.9330	drs	0.8458
四川	0.8570	1.0000	0.8570	drs	0.7424
陕西	0.9900	1.0000	0.9900	drs	0.6382
海南	0.8170	0.9630	0.8480	irs	0.5948
湖南	0.9310	1.0000	0.9310	drs	0.5940
湖北	0.7120	1.0000	0.7120	drs	0.5625
云南	0.6960	0.7080	0.9830	drs	0.5392
天津	0.8600	0.9020	0.9520	drs	0.4866

续表

地区	综合效率	纯技术效率	规模效率	规模报酬	超效率值
河北	0.8410	0.8700	0.9670	drs	0.4409
西藏	0.7770	1.0000	0.7770	drs	0.4387
山西	0.5900	0.6630	0.8890	drs	0.4332
宁夏	0.9390	0.9400	0.9990	drs	0.3938
甘肃	0.5480	0.7570	0.7240	drs	0.3676
内蒙古	0.8470	0.8570	0.9890	drs	0.1495

注：irs 代表规模报酬递增，drs 代表规模报酬递减，—代表规模报酬不变。

从更具区分度的产学研合作超效率值看，各省份之间差异明显。排名前五的依次是广东、北京、上海、重庆、江苏，排名最后五位的依次是西藏、山西、宁夏、甘肃、内蒙古，可见东部地区产学研合作效率总体上要高于中西部地区，这与东部地区的装备制造业产业基础、高校和科研机构数量规模、经济和科技综合实力等现状基本吻合。但也要看到，西部地区的重庆、青海、广西、新疆、贵州等省份产学研合作效率也较高，与东部和中部省市形成鲜明对比。江苏产学研合作效率总体较高，但与广东、北京、上海、重庆等省市相比仍存在一定的差距。从产出导向的 BCC 模型含义看，可能反映出江苏装备制造业产学研合作的产出水平有待进一步提高，如企业和高校、科研机构发明专利数量，装备制造业高新技术产品产值等。

四、产学研合作的优化提升

江苏经济总量仅次于山东居全国第二，高校和科研机构实力雄厚，以装备制造业为代表的产学研合作成效显著，但仍然存在一些瓶颈制约：一是合作观念仍存在差异。江苏产业基础雄厚，高校和科研机构创新实力较强，各方具有合作创新的观念和积极性。但企业与高校属于不同类型的组织，因而在任务和目标上有着较大的差异。企业主要瞄准有市场需求的项目进行开发，有着明确的成果转化要求。高校和科研机构则更多地存在成果数量、学术和职称偏好，可能导致合作成果难以产业化而束之高阁。二是法律制度的缺失。目前我国还没有规范和保障产学研合作的权威性法律法规，现有的主要是一些地方性行政法规，缺乏立法层面对产学研合作的制度保障和权利义务约束，如知识产权的保护、产学研各方的利益分配等，往往使得合作虎头蛇尾，难以持续深入。三是资金投入不足和追求投资规模的双重困境。部分产学研合作项目在初期资金投入后缺乏持续投入而使合作流于形式，这是目前产学研合作中比较多见的现象。但同时也存在部分合作陷入投入越多、产出效率越高的误区。过于追求增加合作资金的投入和科研设施建设，忽视产学研投入结构以及科技资源的优化配置，往往导致产学研合作效率偏低。四是利益分配不合理。表现为合作初期各方都很积极，但由于产学研各方对技术价值评价的标准不一致，随着看得见的利益越来越大时，往往由于利益分配问题影响协议的履行和今后的长期合作。五是信息不对称影响信任度。由于产学研各方在技术能力、经营能力、成果价值评估等方面的信息分布不对称、信息交流不完全，在利益或前景迅速放大时不想共赢而想独赢的心态，是产学研合作中信用缺失的常见现象。

突破产学研合作障碍需要以系统性思维综合发力：一是早日把产学研合作纳入立法轨道，通过法律法规明确各方的权利、义务，完善合作的风险共担和利益共享机制，引导和规范产学研合作行为。二是加强政府引导和政策支持力度，通过政策激励、体制约束、组织管理、政府调节等共同作用进而形成合力，支持开展多层次多形式的产学研合作。三是建立产学研公共信息平台。以政府为主导，科学分析江苏经济社会发展愿景和省内外企业、高校及科研机构的短期与长期需求，积极搭建符合产学研合作需求的公共信息平台，为产学研合作提供信息支撑。四是灵活选择合作模式。以企业需求和务实高效为主导，根据产学研各方资源优势、基础条件和时效性要求，灵活选择项目纽带合作、联合技术中心、科技园区、企业附属研究院等不同合作模式。五是建立多元化的产学研合作创新投资机制。加大政府投资扶持力度，引导企业持续投资，引入风险资金和社会资本，为产学研合作提供资金保障。

必须看到，高等学校和科研院所在先进知识技术创造、高端研发人才培育、研发平台服务等方面具有独特优势，是所在区域知识和技术最重要的创造机构之一，这在江苏表现尤为明显。因此，应突出装备制造企业在产学研协同创新中的主体地位，强化市场机制的决定作用和政府的引导作用，通过契约关系建立共同投入、联合开发、利益共享、风险共担机制，以装备制造业技术创新需求为基础，构建协作创新技术平台，凝聚和培育创新人才，聚力突破产业发展的核心关键技术，切实提高产学研合作投入产出效率。

第三节　集群式创新组织机制

装备制造业集群式创新与组织模式的选择是一个互动的发展过程。必须根据集群发展特征选择合适的组织运行机制，创新集群内企业组织模式及管理机制，以实现知识技术的跨企业流动，促进产业集群创新发展。根据集群发育程度及类型，可重点构建三种机制推动装备制造业集群式创新发展，即成熟型集群的龙头企业引领创新模式，成长型集群的中小企业协同创新模式，信息化时代的网络化创新模式。

一、成熟型集群的龙头企业引领创新模式

这种模式主要适用于发育较为成熟的装备制造业集群，其特征是利用龙头企业的综合技术实力，发挥龙头企业的引擎示范作用，引领带动众多中小企业协同创新，形成以龙头企业为核心、中小企业协作的创新网络。在这种模式中，由于装备制造业对企业资产规模及技术创新能力的要求较高，往往导致集群内中小企

业的创新能力不足，需要通过大型龙头企业对集群外部知识技术的学习引进和内部知识技术的学习整合，构建以龙头企业为核心、骨干企业为支撑、中小企业为节点的知识技术学习网络，推动装备制造业集群内企业的合作创新和整体发展。国内外产业集群的发展历程表明，在龙头企业开发应用高新技术及其新产品的过程中，需要观念创新、制度创新、技术创新、管理创新、设施完备等多种因素共同发挥作用。龙头企业的经营规模和技术经济综合实力使其有相对更强的能力吸收消化从集群外部获取的知识[87]，并在集群内部企业合作创新网络间形成完全的外溢效应，而集群内企业的上下游分工协作，使企业间通过各种形式有序地结成无形的经济和社会网络，从而提高集群的整体创新能力（见图4－5）。因此，对成熟型装备制造业集群而言，构建以龙头企业为核心的学习创新网络是带动中小企业集群发展的趋势所在。

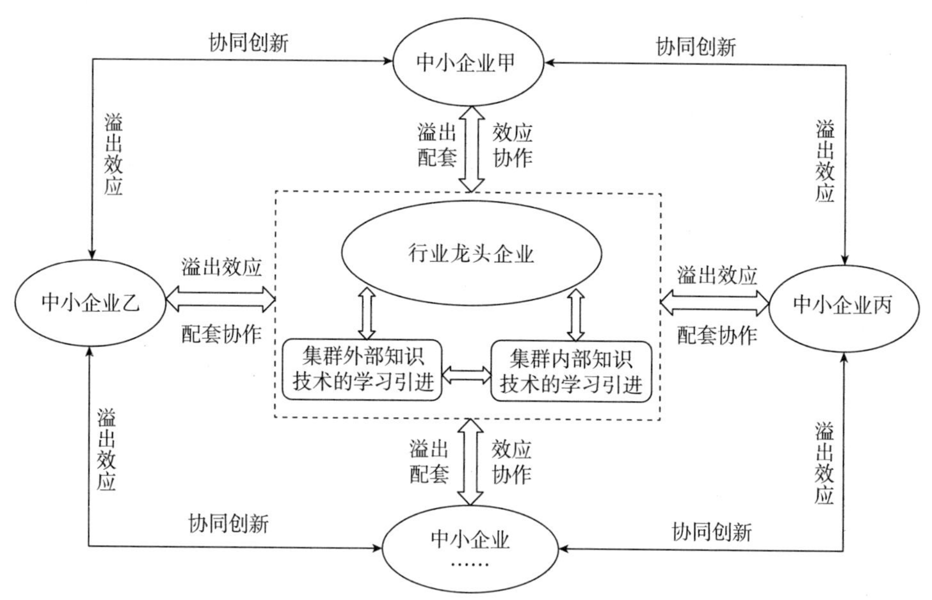

图4－5　成熟型集群的龙头企业引领创新模式

龙头企业引领创新是全球多数产业集群成功的模式和特征，典型的如美国底特律汽车产业集群、日本丰田汽车产业集群、德国斯图加特汽车产业集群等。美国底特律汽车产业集群号称“世界汽车之都”，拥有通用、福特、克莱斯勒三大龙头企业，参与协作配套的中小企业多达几百家。在三大龙头企业带动下，底特律汽车产业集群加大产业科技集群式协同创新力度，并采用全球著名的汽车装配流水线生产方式，实现了美国汽车的大规模生产和产业集群规模的不断壮大，确立了全球第一个汽车产业集群的领先地位，底特律也一跃成为美国第五大城市，足见汽车产业集群对美国城市发展的重要推动作用。日本丰田汽车产业集群是在借鉴美国底特律汽车产业集群发展经验的基础上，结合日本市场特色，以丰田汽车公司为龙头，采用精益生产方式进行规模化生产形成的产业集群。精益生产方式的核心是Just In Time（JIT，准时制）和汽车的模块化生产，丰田汽车公司作为核心企业掌握着行业核心技术，大量中小企业聚集在丰田汽车这一核心企业周围并为其服务，通过与丰田公司配套协作的汽车零部件生产企业和整车生产企业的高度紧密联系[88][89]，把集群内企业的科技创新、规模经营等内部活动和外部的市场需求和谐地统一于企业与集群的发展目标中，实现集群内企业效益、品质和生产柔性的最大化。在丰田汽车公司的引领和精益生产方式的推动下，丰田汽车产业集群得以迅猛发展，协作配套企业多达1200多家，使日本在1980年以1104万辆的产量超越美国成为全球最大的汽车生产国。德国斯图加特都市区汽车产业带是全球规模最大的汽车产业集群之一，拥有奔驰、保时捷、奥迪、尼奥普兰、艾瓦客车等汽车龙头企业。围绕龙头企业的生产配套和分工协作带动了博世、采埃孚集团等众多汽车零配件生产企业的快速发展。在奔驰、保时捷、奥迪、尼奥普兰、艾瓦客车等龙头企业的引领带动下，斯图加特地区聚集了2000多家参与配套协作的汽车生产企业以及与汽车产业密切相关的研发创新机构，汽车产业从业人数占全德国的近1/7，极大地推动了德国汽车产业的集群式创新发展和地区经济社会发展，斯图加特城市综合排名也进入德国前列。在斯图加特汽车产业带发展过程中，其区域协同创新、产业链协调发展等方面的做法和经验对我国产业集群建设具有一定的借鉴意义。

上述美国、日本、德国汽车产业集群的案例分析表明，龙头企业引领创新的成熟型装备制造业产业集群的共同特征表现为：一是龙头企业大都具有世界领先的核心技术和持续创新能力，通过掌控全球装备制造业行业先进知识技术、全球价值链治理、品牌营销控制等多种方式来强化其在集群中的核心地位；二是龙头企业通过技术经济关联和产业链协作配套，带动集群内中小企业快速发展，产业规模在行业内占有较大比重；三是集群内中小企业分工协作科学精细，生产的配套产品不仅性能优异，由集群规模效应带来的生产成本也低于集群外其他企业。因此，对江苏装备制造业成熟型产业集群而言，加快培育具有行业引领带动能力的大型龙头企业，着力提升其科技创新能力，进而通过配套协作带动集群内中小企业发展，通过知识外溢和学习网络增强中小企业科技实力，是江苏装备制造业集群式创新发展的重要路径之一。

二、成长型集群的中小企业协同创新模式

这种模式主要适用于处于快速发育成长阶段的装备制造业集群，其特征是把龙头企业欠缺、规模实力差异不大的集群内中小企业进行科学组织，推动其通过协作形成差异化知识技术，进而利用标准化市场交易促进企业之间的技术合作和转移。基于装备制造业技术、规模的行业特质，集群内中小企业通常市场规模小，资金较为短缺，科技创新实力较弱。产业集聚的优势成为规模实力相对弱小的中小企业突破自身资源和能力限制的有效组织形式，并为中小企业协同创新提供了资源平台和保障[90]。由于集群内中小企业数量占绝大部分，各企业高度的专业化、差异化分工协作以及集聚产生的规模效应，加上高校及科研院所的智力支撑，能有效地降低生产成本和市场交易成本，增强装备制造业集群竞争优势（见图4-6）。

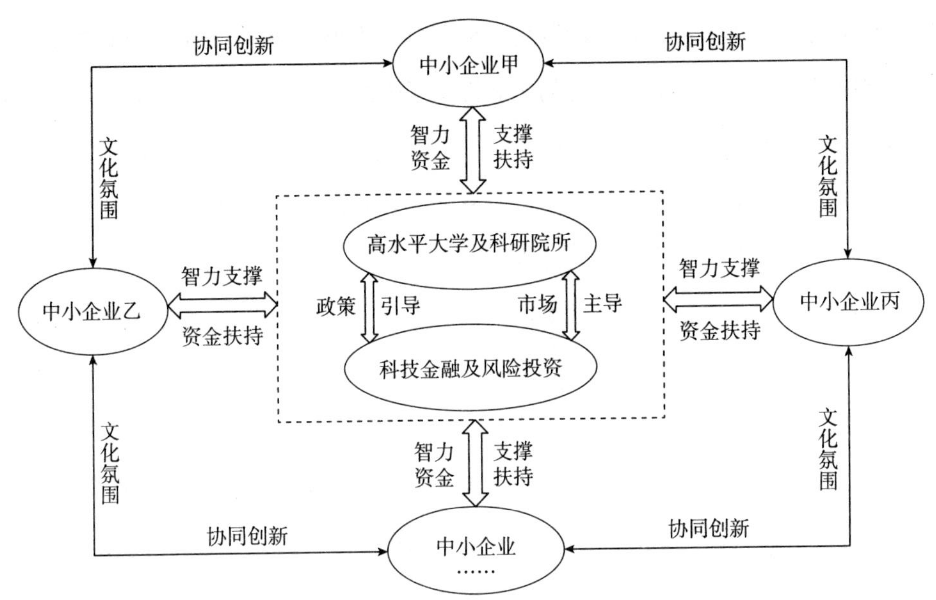

图4－6　成长型集群的中小企业协同创新模式

中小企业协同创新是全球许多知名产业集群成功的模式和特征，典型的如美国硅谷、北京中关村等。硅谷地区电子信息产业集群是美国电子和计算机工业中心，聚集了近1500家电子信息类中小企业，所生产的半导体集成电路和电子计算机约占美国的1/3和1/6，是全球最具创新能力的高新技术产业集群之一，引领着世界科技革命和技术创新潮流，被*WIRED*评为全球最具影响力的高科技园区[91]。集群内各企业之间既竞争又合作，并通过与高校、科研院所及集群外其他企业的科技合作，构成了高度互动的网络型产业科技创新体系和企业组织结构，极大地增强了硅谷电子信息产业集群的协同创新能力。这其中，首先，斯坦福大学对硅谷电子信息产业集群的发展起到了重要的智力支撑作用，集群内70%左右的企业都是斯坦福大学的教师和学生创办的，这使得企业与大学、科研院所相互融合，科研成果能快速地转化为现实生产力。其次，风险投资对硅谷电子信息产业集群发挥了重要的资金支持作用。由于规模实力偏弱，中小企业在发育成长初期大都面临资金短缺的制约，但美国有50%的风险投资基金设在硅谷，为硅谷电子信息产业集群内企业的发展提供了强劲的资金支持。据统计，集群内中小企业获得的风险投资额由1977年的5.24亿美元猛增到2000年的160亿美元，使硅谷的中小企业得到了持续快速发展。最后，硅谷文化对电子信息产业集群发挥了重要的人文催化作用。硅谷内的企业家、工程师等来自世界各地，大家平等相待、团结合作，形成了崇尚竞争、勇于创业、谋求合作、积极交流、宽容失败的特有的硅谷文化氛围。集群内中小企业企业间竞争激烈，但在严密公正的竞争规则下也不断向竞争对手学习交流，互通有无，协同创新，共同进步。而这种宽松的硅谷文化，又进一步吸引着越来越多的高素质人才集聚到硅谷，充分发挥着创造力，成为硅谷信息产业集群式创新的重要活力源泉。北京中关村科技园被誉为“中国硅谷”，2009年经国务院批复成为我国首个国家自主创新示范区。电子信息产业集群是中关村重点打造的优势产业集群，目前已经聚集以联想、百度为代表的高新技术企业近2万家，拥有以北京大学、清华大学为代表的高等院校40余所，以中国科学院、中国工程院所属院所为代表的科研院所200余家，已经形成了电子信息产业集群中小企业协同创新模式[92]。这一模式由科技型中小企业、产学研协作体系、政府、科技金融体系、科技服务中介等多元化主体在市场主导下，通过市场、资金、技术、人才、政策等相互联通的资源传递链条，形成了稳定的相互学习、知识共享和协同创新网络，通过技术合作和优势互补促进中小企业技术创新和错位发展，全方位、多层次推进中关村电子信息产业的集群式创新发展。

上述美国硅谷、北京中关村电子信息产业集群的案例分析表明，中小企业协同创新形成的成长型装备制造业产业集群的共同特征表现为：一是发挥高水平大学及科研院所的智力支撑作用，为装备制造业集群内中小企业的科技创新提供直接或间接的智力支持；二是发挥市场在科技合作创新中的主导作用，打通市场、资金、技术、人才、政策等资源间的流通障碍，促进装备制造业集群内中小企业之间的技术合作和转移；三是发挥科技金融的资金扶持作用，提供引入风险投资、完善财政金融政策等多种方式，有效化解中小企业的融资困境；四是发挥集群式创新文化的催化作用，营造集群内鼓励创业创新、包容试错纠偏、崇尚合作竞争、支持互补共享的文化氛围。近年来，江苏装备制造业集群得到快速发展，但多数仍属成长型集群，借鉴国内外产业集群发展经验推动数量众多的中小企业协同创新发展，是江苏成长型装备制造业集群式创新发展的科学选择。

三、信息化时代的网络化创新模式

人类社会正由工业时代向信息时代快速迈进。信息化是当今时代发展的大趋势，是信息产生价值的新时代，是先进生产力的重要内容和表现之一。信息化为装备制造业的集群式创新提供了新的思路和方式，无论是成长型、成熟型集群，均可利用信息化时代互联网跨域联通功能集聚全球创新资源，构建跨区域网络化协作创新模式（也有人称开放式创新，但与信息时代向呼应，笔者更愿意称之为网络化创新）。在新兴网络环境下，全球创新资源呈分散化、碎片化趋势，利用互联网、物联网、云计算、大数据等新一代信息技术整合集群内外乃至全球创新资源，有利于重塑装备制造业产品的用户需求、研发设计、生产制造、质量管理、品牌营销、物流运输等全过程[93]，推动集群内企业与集群外企业、高校、科研院所等构建灵活高效的技术、信息、市场、社会资源及价值关联体，形成新的网络化协同创新体系（见图4－7）。其实质是把集群内部与外部资源、实体空间与虚拟空间资源等进行有机整合，推动装备制造业产业集群的网络化协同创新发展。从表4－6可以看出，与地理邻近的集群化协同创新相比，网络化协同创新具有地理分散、全方位协同、市场响应便捷、突破核心关键技术、知识产权保护风险等诸多不同特征，可以看作装备制造业集群对信息化时代的积极响应。

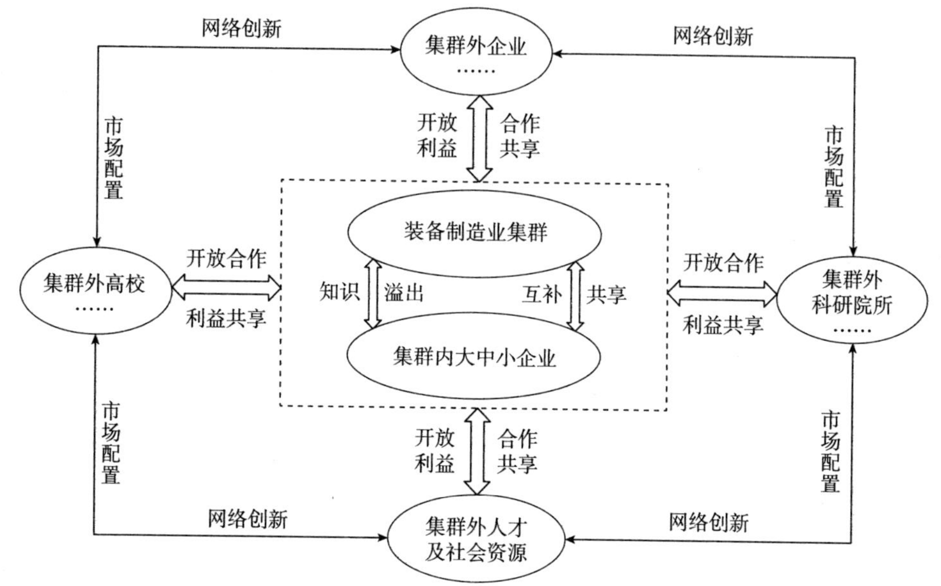

图4－7　信息化时代的网络化创新模式

表4－6　集群化、网络化协同创新的特征对比

类型	集群化协同	网络化协同
地理特征	地理位置相对集中，集群内资金、技术、人才、信息协同，长期性协同	地理位置相对分散（国内、国外乃至全球），集群内外资金、技术、人才、信息等要素的全方位协同，短期性协同为主、长期性协同为辅
组织形式	协同主体间基于地理临近和分工协作的自发行为	企业需求、信息搜寻、市场机遇等因素综合驱动形成
稳定性	随集群演化的长期过程，相对稳定	随企业需求和市场机遇动态变化的短期过程，但也存在长期性协同的可能
比较优势	规模效应，成本较低，地域性利于保护知识产权	核心关键技术的合作共享，受外部政策影响较小
比较劣势	受外部政策影响大	交易成本较高，地域分散和信息化不利于保护知识产权

资料来源：王洁．集群内中小企业协同创新模式的研究［D］．长春理工大学硕士学位论文，2014：20－21.

网络化协同创新是全球知名企业引领产业集群式创新发展的重要模式和特征，典型的如山东海尔集团。经济全球化背景下，产业集群已经成为参与全球竞争的主导力量，并在推动产业升级的过程中起到关键作用。海尔集团作为我国家电行业领军企业，在家电品牌化、集群化、全球化战略推动下，通过整合海尔、GE Appliances、AQUA、Fisher & Paykel、卡萨帝、统帅等品牌①，打造成为全球唯一的拥有产品最全、品牌最多、最具国际化特质的“世界第一家电集群”。海尔集团在引领家电产业集群化发展过程中，善于抓住互联网带来的信息化时代机遇，着力整合全球的研发、制造、营销资源，实现从海尔单一品牌的全球化形态到多品牌、跨产业、跨区域的全球化升级。如海尔的智能家居产品空气魔方，就是开放式、网络化创新的代表性智能化产品。空气魔方是海尔开放创新平台的标志性成果之一，该创新平台由来自 8 个国家的集群内外部专家和学者团队共 128 人组成，团队历时 6 个月与全球超过 980 万不同类型用户交互意见，利用大数据分析最终筛出 81 万粉丝最关注的 122 个具体的产品痛点需求，通过聚力创新研发出空气魔方的核心功能。在信息化时代，海尔的核心理念是“世界是我们的研发中心”，研发的过程要让全球创新者和用户共同参与进来，寻求基于大数据的技术创新供给侧、需求侧最佳结合点，打造最具创新力和用户满意度的家电产品。基于此，海尔开放创新平台于 2013 年 10 月正式上线，2014 年 6 月进行了改版升级，新增的海尔生活创意社区也将成为用户全流程参与研发设计的线上互动平台。

海尔家电产业集群的案例分析表明，装备制造业网络化创新的特征主要表现为：一是遵循开放、合作、创新、分享的理念，利用信息化网络整合全球一流科技资源、人才智慧及优秀创意，与全球企业、研发机构和个人合作，为集群创新提供前沿科技资讯以及超值的创新解决方案；二是充分发挥市场配置资源的作用，最大限度调动和激发集群内外乃至全球科技人才和社会资源的创新活力；三是努力最终实现网络化创新各相关主体的利益最大化，促进装备制造业集群式创

① 海尔 AWE 展示世界最大家电产业集群［EB/OL］. http://digi.163.com/17/0309/21/CF49BT5A001668EC.html，2017－03－09.

新资源提供方及技术需求方的互利共享。

装备制造业集群式创新组织机制的研究表明，科学把握不同组织机制的模式特征，准确把握江苏装备制造业集群在不同地区和行业的发育状况，合理选择集群式创新的不同组织机制，是推动江苏装备制造业集群式创新发展的重要路径。

第四节　集群式创新利益共享机制

创新利益的共享机制是导致集群创新行为成败的重要因素之一。由于技术创新本身的风险性，集群内创新网络具有制度性和非制度性共存特征，特别是非正式制度性特征较为突出。因此，集群创新利益机制的核心是互利共享。这就需要建立与权利和义务、风险和收益相一致的集群式创新利益分配及共享机制，实现企业利益与集群整体利益的激励相容和自我增强。

一、实体性合作创新机构的利益共享

装备制造业集群创新网络中的主体是各种项目合作研发组织、技术研究中心、重点实验室、产学研合作平台等具有制度性特征的实体性机构。其利益共享的基本条件就是要促进集群内企业、高校和科研机构等个体利益与集群共同利益的均衡、和谐、有序，将分化的个体利益朝着与集群共同利益一致的方向进行整合，放大“1+1>2”的整体收益[94]。一是按照各参与主体对集群式创新的贡献和资源投入状况制定利益分配标准。尽管企业、高校和科研机构等各主体在产业科技合作创新中所发挥的作用不同，但都为装备制造业的集群式创新发展做出了自己的贡献，应该从创新发展收益中取得合理回报。从这个层面来说，可以根据企业、高校和科研机构对装备制造业集群式创新发展的贡献大小以及投入成本的

多少来划分经济收益。二是按照各参与主体在研发设计、试验发展和成果转化过程中所承担的风险大小来分配经济收益。在装备制造业技术创新和产品开发过程中，集群内企业、高校和科研机构等主体都承担着各种各样的风险，如技术创新失败、消费者对新技术的认同度不高、生产力转化困难等。要建立风险评估机制，准确分析和判断各参与主体所承担的风险程度。按照收益与风险对等原则，承担的风险越大，获得的收益也就越多，风险越小则收益相应减少。三是制定相关的法律法规，为构建合理的集群式创新利益分配机制提供法律支持。创新收益的蛋糕大小是一定的，各参与主体自身利益最大化考虑可能损害到其他利益主体的利益，特别是在涉及对无形的利益分配时更是如此。这就要求政府完善集群式创新利益分配的相关政策及法律法规，保障各方的合理收益[95]。

利益共享、风险共担是全球飞机制造业集群合作与创新的主要模式。采用这种模式的主要原因是飞机制造是一个投入巨大、生产周期长、资金密集、技术密集、风险性高的集群式创新项目，这种集群既包括实体空间的区域集聚，也包括虚拟空间的网络集聚（也称全球价值链治理）。其特征是将全球分散的设计和制造商团队整合成一个高度复杂和组织严密的系统，波音、空客等国际知名飞机制造商都采用这种模式。如波音制造的“梦幻 787”飞机就采用利益共享、风险共担的全球合作创新模式，有来自 6 个国家的 100 多家企业或供应商参与项目投资与合作创新，承担一定份额的项目风险和技术风险，并按照一定比例获取利润。

二、网络性合作创新组织的利益共享

装备制造业集群创新网络中的另一类主体是泛在性的集群内企业间知识技术学习、交流、习俗、约定等具有非制度性特征的网络性组织，如企业员工间的面对面或网络化交流、松散性创新协会、学习交流组织等。这一类组织一般不具有正式的制度性创新合作组织和实体机构，甚至难以用货币化的收益来衡量和分配合作创新收益，其非制度性合作所获取的主要是企业声誉、信用、品牌、形象、地位等无形收益，以及专利权、专有技术、土地使用权、商标权等无形资产收益。以单纯的集群企业间知识外溢不同，网络性合作创新组织的利益共享更多的是一种知识、技术、人才等创新资源和信息的共享，各企业根据资源、信息的价值并结合自身需求进行市场化交易，提供产业科技创新创意的个人或组织从需求企业方获得相应收益。从目前看，网络性合作创新组织并不是装备制造业集群式创新的主要来源，但对装备制造业产业科技创新的作用也不能忽视。可以考虑建立集群内企业间合作创新资源信息交流平台，通过信息化渠道积极引入集群外部科技创新资源，加强政府政策和行业协会的引导、规范，鼓励集群内企业、员工、组织等通过平台充分交流学习产业科技创新相关知识技术，促进创新资源在集群内外的开放共享、多向流动、合作使用，为装备制造业的集群式创新营造优质土壤和良好氛围。

第五章　装备制造业创新发展与工匠精神培育

第一节　工匠精神的概念及内涵

一、工匠精神的提出

坚守工匠精神铸就大国重器，装备制造业的创新发展尤其需要工匠精神。2016年“两会”期间，李克强总理在政府工作报告中明确提出，要鼓励工业企业开展个性化定制、柔性化生产，培育精益求精的工匠精神，增品种、提品质、创品牌。“工匠精神”首次出现在政府工作报告中，让人耳目一新，引发了学界对工匠精神和工业转型的广泛关注。2017年3月，总理在政府工作报告中再次提出，要大力弘扬工匠精神，厚植工匠文化，培育众多“中国工匠”，打造更多享誉世界的“中国品牌”，推动中国经济发展进入高质量时代。2017年10月，习近平总书记在党的十九大报告中进一步提出，要建设知识型、技能型、创新型劳动者大军，弘扬劳模精神和工匠精神，营造劳动光荣的社会风尚和精益求精的敬业风气。其深刻背景是，进入21世纪以来，随着以美国、欧盟为首的西方发达经济体“制造业回流”和“再工业化”战略的提出及其对制造业的重新认识和定位，以及发展中国家和地区加快工业化进程的迫切需求，高端制造业开始向欧美等发达国家回流，中低端制造业加速向东南亚等发展中国家转移，我国装备制造业面临创新能力不强、要素成本上升、资源及环境刚性约束等一系列压力，传统发展模式面临巨大挑战，迫切需要重塑工匠精神，培育新型工业化的思想基础和精神动力，推动装备制造业加快转型升级，实现中国制造由大变强的宏伟梦想。

二、工匠精神的内涵

学界对工匠精神进行了多种阐述。中国机械工业信息研究院院长王文斌认为，从主要发达国家工业发展历程看，工匠精神包含锲而不舍的创新精神，隐含着一种精益比精明更重要、质量比销量更重要、诚信比成本更重要、品牌比广告更重要的战略取向和基本准则。庞丽娟认为，实现中华民族伟大复兴的中国梦，需要进一步弘扬中国民族工业应有的“制造精神”——吃苦、敬业、钻研、创新和奉献[96]。董建锴认为，工匠精神作为工业化的思想基础和精神动力，主要包含崇尚科学、勤奋敬业、诚信经营、锐意创新、规则意识、标准意识、实业兴国等理念和内涵，是新时期工业化快速推进和转型升级的动力源泉[97]。李宏伟认为，大力弘扬一丝不苟的制造精神和精益求精的创造精神，既是对工匠精神的历史传承，也是中国制造由大变强的时代需要[98]。

综合上述学界观点，笔者认为，工匠一般指从事工业器物制作或产品生产的熟练技能人才。工匠精神就是企业发展中树立一种对工作的执着追求和对产品精益求精、臻于完美的精神理念，在中国文化中集中体现为“尚巧”的创造精神、“求精”的工作态度和“道技合一”的人生理想，在西方文化中集中体现为非利唯艺的纯粹精神、至善尽美的目的追求和对神负责的精业作风[99]。就内涵而言，工匠精神实际上包含着创新精神、精品意识、合作精神、契约精神等更为丰富的人文内涵，其核心是锲而不舍的创新精神和追求卓越的精品意识，基础是分工互利的合作精神和诚实守信的契约精神。在当前我国装备制造业低端产能过剩、高端产能不足并存的情形下，工匠精神无疑是推进装备制造业供给侧结构性改革和加快产业转型升级的强大动力。

第二节　主要发达国家工匠精神的培育及其特征

欧美发达国家的工匠精神并非一蹴而就，在工业化初期，大多数国家也面临产品劣质、性能欠佳、质量不高等问题的严重困扰，但经历上百年的工业化历程和对产品质量的不懈追求，发达国家逐渐培育出其特有的工匠精神，推动了民族工业的质量提升和产业升级，特别是美国、德国、日本等国工匠精神培育的成功经验，可以带给我们诸多启发和借鉴。

一、美国的工匠精神

自美国建国以来，工匠精神一直是美国经济健康发展的基本动力，至“二战”结束时，美国经济已经以其压倒性优势雄霸全球[100]。分析其工匠精神的内涵及特征：第一，1950 年时美国的市场已经比世界第二大市场英国大 9 倍以上，当时的美国工业享有其他任何国家不可企及的经济规模，庞大的经济规模为工匠精神的培育奠定了雄厚的产业基础。第二，“二战”破坏了其他国家和地区的许多科学设施，大量科技人才涌入美国，使美国人在工业技术上占有绝对的领先优势，奠定了工匠精神培育的技术基础。第三，美国高度重视教育，最先办起普及性公立中小学教育，同时也是第一个普及高等教育的国家，受过高等教育的人口比例大大高于其他国家，使美国工人比其他国家工人更有技术，奠定了工匠精神培育的教育基础。第四，美国自殖民地时期就已经萌芽的企业家精神和英国、德国的移民共同促进了美国企业家精神的形成[101]。道格拉斯·C. 诺思（Douglas C. North）[102]指出："如果说是市场规模的扩大为制造业的发展提供了可能的话，那么企业家精神和劳工素质则有效地利用了这些优势，而自由教育制度和英国、德国移民则成为企业家精神和劳工素质的主要来源。"随着"二战"以来进入美国的英国移民增多，作为世界工业革命的发源地，英国移民向美国注入了一个卓有成效的理念，即经济发展人人有责，新英格兰逐渐成为美国企业家精神的摇篮，促进了美国企业家精神的形成和发展[103]。美国的企业家精神一方面表现为积极的谋利，另一方面表现为开拓创新的冒险精神。按照熊彼特创新理论，具有超常创造力的企业家善于结合现有资源创造新的方法，以提高生产效率或制造新产品。很明显，不断更新设备，不断创新技术，积极开拓经济发展的新领域，已成为美国企业家精神的重要表征[104]，进而演化为有利于美国企业家创业和发展的一种社会氛围和文化观念，奠定了工匠精神的执行基础。第五，美国的市场机制完善，激励大量优秀人才从事管理工作，造就了一批熟练的中高级管理骨干，奠定了工匠精神的管理基础，使美国的管理水平长期稳居世界一流。雄厚的产业基础，高超的技术，富有职业素养的劳动力，开拓创新的企业家精神和高明的管理人员，共同铸就了美国工匠精神的内核，成就了美国工业全球领先的重要地位。

二、德国的工匠精神

德国人对待工作的严谨细致和对产品质量的执着追求为世界所公认，也使德国工业长期保持全球领先的优势地位。据统计，截至 2013 年，全球寿命超过 200 年的企业中德国就有 837 家，仅次于日本（3146 家）居全球第二[105]。这深刻反映出德国经长期历史沉淀形成的民族工匠精神，其特点主要体现在：一是对产品或专业一以贯之的专心、专注。德国的工业能够长期占据国际领先地位，很大程度上源于德国企业家和工人对产品生产或从事专业的专心、专注，体现出一种慢工细活不浮躁的工匠精神。德国 90% 以上企业属于家族式中小企业，这些企业长期专注于某一个领域，几十年甚至上百年坚持做一个产品，精益求精地研究产品技术，将单一产品做到极致，很多企业已成为世界某一工业领域的“隐形冠军”。二是追求标准主义、精确主义、秩序主义和厚实精神的内在统一[106]。标准主义在德国企业的具体表现就是标准为尊、标准为先，它要求德国制造把标准视作法律，在具体的生产制造之前必须先立标准。而对于标准的依赖、追求和坚守，必然导致对精确主义的追求，这又反过来提高标准的精度。标准主义的空间表现则是秩序主义，具体体现为制造业工作中的条理化和流程化。而“德国制造”的坚固耐用则源于考虑用户实际利益、注重内在质量胜过华丽外观的“厚实精神”[107]。三是对创新和质量的执着追求和全民参与。德国一贯坚持专业、专注和专心的创新精神，把产品做得一丝不苟、精益求精以至完美。经过百年积淀，“Made in Germany”在制造领域独步全球，进而超越产品成为一种创新文化，它代表着严谨细致、经久耐用和精益求精的产品质量的象征。特别是德国政府推出“工业 4.0”战略以来，中小企业都非常活跃地为新时期“工业 4.0”的框架结构提供新技术、新产品、新系统和新解决方案，使“工业 4.0”成为德国的群众运动和全民项目。四是对工匠职业教育的高度重视。从中世纪开始，师傅带徒弟的“工匠”模式已成为德国人的职业常态，但由于产品质量不高而受到英国的嘲讽。18 世纪末 19 世纪初，德式“工匠精神”开始采用双元制职业培训体系，即职业培训须经过职业学校和校外实训单位两个场所的培训，取得了巨大成效。目前，德国可以系统培训 350 多种工匠[108]。综上可以看出，对产品或专业一以贯之的专心、专注，标准主义、精确主义、秩序主义和厚实精神的内在统一，创新和质量的执着追求和全民参与，以及对工匠职业教育的高度重视，成为德国工匠精神的主要内涵，奠定了德国制造全球领先的优势地位。

三、日本的工匠精神

日本以其在家电、电子信息、汽车、装备制造等领域的优势地位闻名世界，日本制造的强大与工匠精神密切相关，成为日本工匠精神的象征和代表，蕴含着独特的工业文化内涵[106]。主要体现在：一是把质量不好视为耻辱。“二战”以后，在美国的扶持下，通过产业转移，日本经济得以快速复苏，但日本产品一度以质量低劣闻名于世，受到外国人的嘲笑，日本一批企业家开始注重日本制造的品质和声誉，将产品的好坏与个人的荣辱紧密地联系起来，工匠精神开始获得复兴[109]。由此，日本制造逐步摆脱了过去的低价低质产品的标签，开始成为精益、极致和完美的代名词，成就了日本企业的百年辉煌。统计表明，至 2013 年，全球寿命超过 200 年的企业中日本就有 3146 家，高居全球第一[105]。二是把从事的工作视为有灵气的生命体。日本“工匠精神”向国民传输一种信念：赚钱并不是工作的唯一目标，而是树立一种把工作视为生命有机体，保持对工作的敬畏之心，以对生命的热爱培育对工作严谨执着和对产品精益求精的精神，进而形成企业、员工荣辱与共的共同价值观，并由此培育出企业的内生动力。三是坚守寂寞、淡化成本、刻苦钻研的精神。“工匠精神”在日本也被称作“职人气质”，现代职人多指拥有卓越金属加工技术的人，比如，日本有的街道小工厂能切割出厚度仅人类头发丝 1/10 的铜丝，成为太空仪器、智能手机等产品的重要原料[108]。日本著名产业经济新闻记者根岸康雄曾出版《工匠精神》一书，介绍了 12 家世界领先级中小制造企业的发展经历，其共同特征都在于数十年如一日地专注于所在的细分领域，坚守寂寞、不计较成本、刻苦钻研，以贡献超级精致产品为己任，以追求完美为快乐，无意为扩大产量和产值而牺牲产品品质，被视为日本“国宝”级企业[109]。可以看出，视质量不好为耻辱，把从事的工作视为有灵气的生命体，坚守寂寞、淡化成本、刻苦钻研，是日本工匠精神的基本内涵和重要特质，更是日本知名企业历经百年仍享誉全球的根本原因。

第三节 装备制造业创新发展对工匠精神的时代呼唤

我国长期以农业社会为主，重农轻工抑商成为漫长封建社会中主流的经济思想，表现为重视农业、以农为本，限制工商业的发展，加上近现代以来商业精神对利益的过度追求，制约了我国工匠精神的培育、形成和发展。中华人民共和国成立以后，特别是改革开放以来，随着工业化进程的加快，我国装备制造业得到快速发展，但受粗放型增长方式和国际金融危机的影响，产业发展面临发达国家和发展中国家的双向挤压，传统装备制造产能相对过剩，高端装备制造有效供给不足，亟须培育新时期工匠精神，推动装备制造业加快转型升级和高质量创新发展。

一、农耕精神的制约

我国有着五千多年的灿烂文明，赋予中华民族悠久的传统文化，闪烁着中国人民勤劳智慧的光芒，成为世界历史文化中一颗闪亮的明珠。但传统的中国社会是一个农耕文明的社会，在漫长的历史长河中，面朝黄土背朝天，一家一户搞单干，自给自足小生产，是几千年来中国农业的生动写照，形成了富于中国特色的农耕精神。其主要特点为：一是农业生产需要定居，人们日出而作日入而息，比较容易安于现状，力求稳重而缺乏冒险进取精神。二是农业生产主要采用一家一户的传统模式，逐渐形成一种满足家庭自给自足和平安康乐的“小农意识”，缺乏家庭合作和土地规模效益。三是农业的自然属性使农业发展主要依赖天时气候和人们的农耕经验及辛勤劳作，虽然也显露出以精耕细作和师傅带徒弟等为特征的工匠精神，但由于缺少与外界的交流合作而逐渐形成一种狭隘的、封闭的思维特征[110]。四是农业的季节性特征使农业社会生活节奏缓慢，人们追求年度总产出的多寡而对劳动生产效率并不十分看重。因此，几千年历史发展形成的农耕文明和农耕精神对我国近代工业的萌芽和工业文明的发展带来了深刻影响，其主要表现就是，农业保守思维不利于企业发展，分散劳作不利于规模意识的形成，特别是对于很多近现代中国企业家和企业员工而言，受传统农耕精神形成的农业思维局限，往往导致创新意识和冒险精神欠缺，竞争意识和合作观念不强，注重短期利益而缺乏长远眼光，制约了现代工匠精神的形成和发展。当然，随着时代的进步与现代农业的快速发展，有学者提出，工匠精神是工业经济时代的一种产物，它是一种精致化生产的要求，因而对农业生产同样适用。其精神实质就是，一方面要从原料、化肥、土地等种植源头保证食品安全，提升农产品品质和质量；另一方面要通过创新来提高农业产业化水平，包括运用“互联网＋”创新农业业态等，这可以视作农耕精神与工匠精神的融合发展。

二、商业精神的挤压

我国现代工匠精神的欠缺还与商业精神的挤压密切相关。自宋代以来我国商业活动开始兴盛，至明清时期已较为繁荣，但受封建专制制度的束缚，资本主义萌芽受到遏制，那时的商人精神并没有转化为现代商业精神[111]。近现代以来，随着社会生产力的发展，资本主义生产方式开始在工业中得到应用。商品活动的大量出现孕育了商业精神的萌芽，而改革开放以来对市场经济的探索和实践则进一步激发了商业精神的兴起和发展。就基本概念而言，商业精神就是在商品货币交易中实现利润或利益的最大化，在追求利润的同时积极承担社会责任，是商业精神的一个显著特征。但是，由于我国市场经济体制的不健全，追求利润的商业特征被显著放大，突出表现为：一是诚信和契约精神欠缺。成熟的市场经济国家大多把信用视为市场经济的生命，但我国由于信用管理制度体系建设滞后，违反信用的成本太低而信用欺诈的回报过高，导致欺诈违约、假冒伪劣等违背诚信和契约精神的现象屡禁不止。二是分工互利的合作意识淡薄。部分企业受短期利益驱使，缺乏互利共赢的现代企业意识，在考虑企业利益的同时对消费者利益及企业社会责任重视不够。比如，同地区的同类产品制造企业为抢夺市场份额，往往把价格战作为竞争的主要手段，而在要素成本不断攀升的今天，降价就可能隐含着为节约成本而降低产品质量。三是对行业的执着坚守意识不强。受市场经济利益驱使，部分企业对自己专业领域的执着坚守意识不强，取而代之的是投机取巧的赚快钱思维，往往导致获取短期利益的同时损失长期利益。四是公平竞争精神缺失。市场经济是竞争型的经济，但这种竞争应该是有序竞争，不受任何约束的无序竞争只会带来损害长期竞争利益的不良后果，损害的可能是工商业发展的整体环境。当然也要看到，随着我国改革开放的不断深入，以兴业强国、锐意创新、守法奉献、公平正义等为特征的新时期商业精神正在快速成长和成熟，必能促进工匠精神与商业精神的相得益彰。

三、虚拟经济的冲击

学术界对虚拟经济并没有一个权威的界定。全国人大原副委员长成思危认为，虚拟经济是与实体经济相对应的一种经济活动模式[112]，即以金融系统为主要依托，通过以资本化定价方式为基础的特定价格体系实现资本循环运动，如把钱换为借据、股票、债券后，再通过适时交换把借据、股票、债券再变回钱，本质上是一种直接以钱生钱的活动。刘骏民认为，虚拟经济作为一种经济运行方式，是市场经济（特别是信息经济）发展到一定阶段的产物，它以追求货币或金融资本利润为主要目标，一般通过金融资产买卖和价值炒作等资本化运作方式实现增值，主要包括银行业、股票市场、房地产市场、证券市场和期货市场等经济活动领域[113][114]。刘志彪认为，虚拟经济并非泡沫经济的代名词，实体经济、虚拟经济与泡沫经济的区分主要取决于行业部门的“杠杆率”运用水平，国内外经验证明，杠杆率大于20倍容易滋生泡沫经济[115]。基于此，笔者认为，与实体经济有形、无形资产的生产、流通、交易及消费不同，虚拟经济是以金融、房地产等为代表的虚拟资本的持有、交易等经济活动的概称。与实体经济相比，虚拟经济具有明显不同的特征[116]：一是高流动性带来的快速获利预期。虚拟经济是虚拟资本的持有与交易活动，信息技术的快速发展极大地推动了证券、债券、房地产产权等虚拟资本的无纸化、电子化交易，在提高社会资源配置效率的同时也加剧了人们对通过虚拟资本交易快速获利的美好预期。二是高投机性带来的短期获利冲动。信息是虚拟经济活动中利润获取的重要来源，人们往往利用信息的不对称来获取短期或中期利润，特别是一段时期以来房地产市场的投机获利吸引了大量资本入市，在一定程度上降低了实体经济的投资动力，而信息技术的快速发展则为虚拟资本的高投机性创造了技术条件和平台支撑。三是高风险性带来的高收益愿景。虚拟经济活动中，虚拟资本的价格往往受到宏观经济前景、专家、媒体及公众舆论、社会预期、信息多元等复杂因素的影响，这些因素由于自身变化频繁、无常，从而增加了普通民众的理解及掌控难度，大大加剧了虚拟经济的高风险性。但基于经济学高风险与高收益并存的共识，人们在憧憬虚拟经济高收益的同时往往在主观或客观上忽视了其中蕴含的风险。因此，虚拟经济是一把“双刃剑”，美国金融危机引发的全球经济衰退业已表明，虚拟经济的适度发展有利于促进实体经济的发展，但若虚拟经济发展规模过大、速度过快、管理失控，也会冲击实体经济甚至引发泡沫经济。

四、工业化进程的内在需求

我国的工业化进程始于 1953 年开始执行的“一五”计划，受国防安全和“超英赶美”思想的影响，在高度集中的计划管理体制下，我国采取了重化工业起步的超常规道路，通过建立国有工业企业对重化工业进行大规模投资和建设，试图跨越轻工业发展阶段而快速建立重化工业体系。作为资本技术密集型产业，重化工业发展需要巨额的资金投入，但中华人民共和国成立初期百废待兴，我国面临资金短缺的严重困扰，只能通过工农业产品剪刀差的形式，依靠农业为工业化提供大量的资本积累。据有关测算，从1953年实行农产品统购统销到1985年取消统购统销期间，国家通过工农业产品价格剪刀差从农民那里筹集了约6000亿~8000亿元资金[117]。通过剪刀差政策对农业剩余的过度抽取，我国实现了建国初期30年的工业化快速发展。

改革开放特别是20世纪90年代以来，在社会主义市场经济条件下，通过大力吸引外资和开展对外贸易，工业化进程不断加快，从2002年开始，我国已经全面进入工业化时期[118]。工业化使我国建立了比较完整的工业体系，技术装备水平不断提高，轻重工业特别是重化工业得到快速发展，产业规模不断壮大。目前，我国工业产品产量居世界第一位的已有200多种，粗钢、煤、水泥等产量已连续多年稳居世界第一，成为当之无愧的世界工厂。中国社会科学院工业经济研究所课题组发布的《工业化蓝皮书："一带一路"沿线国家工业化进程报告（2015版）》明确指出，尽管存在区域之间发展水平的较大差异，但我国工业化在整体上已步入中后期阶段，部分发达地区已进入工业化后期阶段。

但是，受地方利益和部门利益驱动，长期以来，我国工业走的是追求数量和速度的粗放型增长方式，工业增长主要依靠大幅增加原材料、资本、劳动力等初级生产要素投入来扩大生产规模，开展对外贸易，导致工业经济增长的质量和效益不高，并带来资源能源的大量消耗和对生态环境的巨大破坏。特别是2008年世界金融危机以来，全球经济持续低迷，我国经济发展进入新常态，外需萎缩、内需升级、低端同质等引致产能过剩，核心技术欠缺导致产品附加值低，要素成本上升、资源及环境约束压缩企业利润空间，虚拟经济投机获利制约实体经济投资动能，加上重商轻工的商业精神对利润过度追求带来的欺诈、造假等非诚信、非契约行为，使部分传统的劳动及资源密集型企业濒临存亡边界，工业特别是制造业的可持续发展面临严峻挑战。

为此，一段时期以来，我国一直以壮士断腕的决心和壮志，致力于化解产能过剩，推动产业结构调整与升级。但由于自主创新能力不强，很多传统产业部门特别是钢铁、水泥等重化工和原材料工业部门产能过剩严重，产业结构调整与升级的成效并不显著。针对这种现状，一些学者提出，我国已进入工业化中后期阶段，应在减少工业投资、降低工业比重的同时，大力发展现代服务业，提升服务业在国家和地区经济中的比重，以此促进产业结构的调整和升级。对此，中国社会科学院工业经济研究所所长黄群慧指出[119]："我们必须认识到，工业本身所蕴含的生产能力和知识积累确是关系一国经济长期发展绩效的关键。工业特别是制造业不仅是技术创新的主要来源，而且还是技术创新的使用者和传播者。"笔者以为，这一点在装备制造业（特别是先进制造、高端装备制造等）的体现尤为明显。事实上，自2008年国际金融危机以来，欧美等工业化国家清醒地认识到"制造业空心化"所带来的巨大问题，纷纷推出"再工业化"战略和各类制造业振兴计划，包括美国的《先进制造业国家战略计划》、德国的《保障德国制造业的未来：关于实施"工业4.0"战略的建议》、法国的《新工业法国》34项计划等，掀起了第三次工业革命的热潮，试图通过制造业的高端发展重振本土工业。这给我们两个启示：一是重视发展服务业的同时，在一个较长时期内仍必须保持较高的制造业比重，并以此作为国家产业发展的长期战略和使命。二是重视高端制造业（特别是先进制造、高端装备制造）对提升国家综合实力的极端重要性，而创新则是制造业高端发展的王道。

综上所述，农耕精神和商业精神都是我国的宝贵精神财富，但传统的农业思维和过分追求利润的商业精神在一定程度上会影响我国工匠精神的形成和发展，而虚拟经济太盛则会抑制以制造业为主的实体经济投资潜能，需要我们以辩证的思维取其精华去其糟粕，正视制造业作为虚拟经济健康发展重要基础和科技创新主要源泉的客观现实，加快培育现代工匠精神，促进制造业的转型升级和可持续发展。

当前，全球制造业产业正经历一个更加深刻的变革，其核心是新一代信息技术与现代制造业的深度融合。这一变革是以互联网、物联网与智能制造、新能源、新材料技术等领域的重大创新与深度应用为代表，将推动一批新兴产业的发展，并将带动整个产业形态、制造模式、组织方式等的深刻变革。基于此，笔者认为，我国工业化发展已到了粗放型向集约型转变的关键时期，数量型向质量型转换的拐点时期，大众化向精品化转化的过渡时期。其核心是培育新时期工匠精神，特别是锲而不舍的创新精神、追求卓越的精品意识、分工互利的合作精神和诚实守信的契约精神，全面激发民族创新活力，推动我国制造业（特别是装备制造业）加快转型发展。

第四节　培育新时期工匠精神的主要路径

我国古代劳动人民就极富工匠精神。在漫长的农耕文明中，劳动者以他们的创造书写着人类的文明，《诗经》中就把工匠们对骨器、象牙、玉石的加工形象地描述为“如切如磋”“如琢如磨”，朱熹《论语》进一步把这种工匠精神解读为“治之已精，而益求其精也”，孙中山先生则扩展到整个近代工业，概括为“精益求精”。这种对工艺精细程度近乎完美的追求，与西方工匠精神中至善尽美的追求不谋而合[120]。中华人民共和国成立后，秉承先辈的优良传统，采取师傅带徒弟为主的传统模式，我国各行业也涌现出一些杰出的工匠代表，如近年来央视等主流媒体播出的《大国工匠》《大国重器》等节目，就是对我国工匠精神的极好诠释。在许多业内人士看来，我国装备制造业大而不强，产品整体质量不高，背后的重要根源之一就是缺乏具备“工匠精神”的高技能人才。

然而，在现代商业追逐利润的大环境中，工匠精神的培育绝非一日之功，而是一个需要全社会共同努力的一个系统工程，要传承中华厚重历史底蕴和人文积淀，借鉴美、德、日等发达国家工匠精神培育的成功经验，从制度设计、工匠文化、外部环境等方面着手，大力培育和重塑新时期工匠精神，为制造业（特别是装备制造业）的高质量发展提供强大的精神动力和智力支撑。

一、加快建立工匠制度，强化工匠精神的制度支撑

加快建立一整套高品质高标准的工匠制度，利用工匠制度培养工匠习惯，利用工匠习惯培育工匠精神。一是建立工匠教育及培训制度。充分利用高职院校、职业中专、技工学校、企业实训基地等多层次现代职业教育体系，把学校教育与企业培训有机结合起来，加强职业资格认证，大力培育制造业各行业（特别是高技术行业）工匠人才。二是提高工匠职业待遇。工匠并不生活在真空中，他们也需面对衣食住行等常人需求，要建立与其贡献相适应的职业薪酬和生活福利待遇，对重点行业紧缺工匠人才给予国家特殊贡献津贴，提高工匠职业威望，使企业工匠能够兢兢业业地做好本职工作，精益求精地提高产品质量。三是举办多层次行业工匠大比武活动。坚持物质奖励和精神奖励相结合的原则，通过比武树立杰出工匠大师和榜样，引领培育工匠精神。四是建立工匠职业上升通道。对行业比武或各种评选中涌现的优秀工匠可自动晋升或酌情选拔到高一级工作岗位，形成优秀工匠脱颖而出的激励机制。五是完善国家扶持政策。采取财政、金融、税收等多种方式，进一步完善市场规则，加大对重点或特殊行业企业及工匠的扶持保护力度。

二、加强工匠文化建设，丰富工匠精神的人文内涵

充分利用文化的渗透力和影响力，大力培育和践行新时期工匠精神。一是强化敢于担当的企业家精神。企业家是企业文化和现代工匠精神的主要引领和实践者，要着力培育和强化企业家振兴民族工业和敢于担当的时代使命感，树立国际竞争意识、锐意创新精神和坚忍执着的优良品质。二是树立标杆企业的价值观和时代精神。从铁人精神、两弹一星精神到载人航天精神、高铁精神和大飞机精神，我国拥有众多自主创新的行业标杆，而标杆企业是一个国家制造文明的基石和土壤。因此，应鼓励行业标杆企业率先探索和实践，提炼中国制造文明的精

髓，逐步形成共同的价值观和时代精神。三是发挥行业品牌的影响力。品牌蕴含着丰富的工匠文化，是工匠精神的外化和传播，只有高素质员工才能创造出知名品牌，而品牌能促进工匠素质和工匠精神的进一步提升。要依托品牌凝聚和传播工匠精神，形成行业品牌和工匠精神的良性互动。四是加强行业管理文化建设。长期以来，我国行业主管部门偏重产业技术和管理方面的政策指导，但对行业和企业文化建设重视不够，缺乏工匠文化软实力。要加强行业和企业文化建设，丰富和提升行业和企业精神文化内涵，培养良好的职业道德与规范，大力弘扬工匠精神、传承工匠文化。

三、加快相关配套建设，优化工匠精神培育的外部环境

我国工匠精神的培育是一个长期的系统过程，要发挥政府的引导作用和市场的主导作用，推动企业和社会积极参与，加快相关配套软硬件建设，优化外部环境。一是搭建政产学研合作创新平台。科技创新既是我国工匠精神的重要内涵，更是装备制造业转型发展的必由之路，但重大技术、共性技术以及关键技术上的突破很难靠单一企业解决，需要依靠政府出台相关的政策去引导和支持企业与高校、科研机构等进行协同创新，构建政产学研合作创新平台，加强创新主导企业与关联企业之间的互利合作，促进制造业关联部门的协同创新及成果的推广应用。二是营造一个公平的竞争环境和创新环境，包括进一步放宽市场准入，强化市场监管，加强知识产权保护，加快信用管理制度体系建设，依法打击不正当竞争、危害公平秩序、侵犯知识产权等非法行为，激励企业制造强国的匠心动力，不畏艰险，锐意创新，勇攀高峰。三是建立健全虚拟经济监管职能体系，严厉打击虚拟资本交易活动中的非法投机行为，规范虚拟资本市场，增强虚拟经济运行信息的透明度，提高虚拟经济体系中虚拟资产风险管理水平，引导社会资本合理回归实体经济，促进虚拟经济与实体经济的协调健康发展。四是加大职业教育投入，进一步优化师资队伍，鼓励从制造业企业中聘请工匠或

高技能人才到职业院校授课，提升工业职业教育的质量和水平。五是加大媒体及舆论宣传力度，把推进新型工业化和实现民族振兴有机联系起来，大力倡导勤奋敬业、锐意创新、勇于竞争的工匠意识，使工匠精神成为全社会的主流意识和共同价值观。

第六章　装备制造业集群式创新与先进制造业发展

第一节　先进制造业发展背景

目前，学界对先进制造业尚无明确定义，高技术制造、先进制造、高端装备、装备制造等诸多提法在不同的媒体上和谐共存。事实上，先进制造业与装备制造业（特别是高端装备制造业）之间存在明显交集，如以高新技术为引领，处于价值链高端和产业链核心环节的高端装备制造业必然是先进制造业。此外，利用高新技术对传统装备制造业进行改造升级的产业也可以归入先进制造业。而从空间集聚视角看，加快培育先进制造业基地也是装备制造业集群式创新的重要内涵。因此，研究先进制造业发展及其基地培育问题，可以视作装备制造业集群式创新的重要目标及方向之一。

当前，在经济全球化和信息技术革命的推动下，全球制造业生产方式正在发生重大变革，传统的流程管理、批量化、规模化生产方式正加速向敏捷制造、精益生产、并行工程、智能制造、绿色制造等先进制造模式转变，加快发展先进制造业，已经成为世界制造业发展的主要趋势。先进制造业是在传统制造业基础上，吸收信息技术、机械、生物、材料技术，以及现代管理等最新成果，广泛应用于产品研发设计、生产制造、营销管理、售后服务全过程的新型现代产业。先进制造业位于制造业价值链的最高端，具有技术先进、知识密集、附加值大、成长性好、带动性强等特征，是地区综合实力和核心竞争力的重要体现，已成为世界制造业市场中竞争态势最为激烈的领域。

事实上，自2008年国际金融危机以来，为促进经济复苏，重塑国家竞争优势，世界主要发达国家纷纷提出“再工业化”的相关政策措施，以重振制造业。如2012年美国提出的《美国先进制造业国家战略计划》，德国政府在2013年4月推出的《德国工业4.0战略》，英国政府科技办公室在2013年10月推出的《英国工业2050战略》等，而亚洲制造业强国日本自2005年起就开始逐年编制、修订《战略技术路线图》，加大对开发3D打印机、协同机器人与无人工厂等尖端制造技术的财政投入，等等。发达国家通过制定先进制造业发展路线图，重点发展高科技含量、高附加值、创新型的先进制造业，以抢占世界经济和科技发展的制高点。与此同时，新兴国家也通过政府政策大力推动先进制造业发展，积极抢占未来先进制造业的巨大市场，如巴西公布了“工业强国计划”，印度颁布了“国家制造业政策”，等等。基于先进制造业的战略地位和我国制造业转型升级的内在需求，党的十八大明确指出，要推动战略性新兴产业、先进制造业健康发展，并出台《中国制造2025》等相关政策予以大力扶持。受政策驱动，广东、山东、浙江、上海等省市纷纷提出，要加快建设先进制造业基地，充分利用国际市场和国际资源加快发展，在更大范围、更广领域和更高层次上参与国际经济技术合作和竞争，力争在新工业革命浪潮中赢得新的竞争优势。在此背景下，江苏作为我国制造业大省，只有积极抢抓新一轮科技革命和产业变革的重大机遇，大力发展先进制造业，加快建设具有国际竞争力的先进制造业基地，才能在全球制造业的激烈竞争中赢得一席之地，实现江苏制造业由大变强的宏伟目标。

第二节　先进制造业的相关理论

一、先进制造业的概念及特征

目前学术界对先进制造业并没有一个权威科学的界定。一般认为，先进制造业是在传统制造业基础上，吸收信息、机械、生物、材料、能源及现代管理等最新技术成果，并将这些先进技术综合应用于产品研发设计、生产制造、营销管理、售后服务全过程，实现优质、高效、低耗、清洁、灵活生产并取得良好经济社会和市场效益的现代制造业的总称[121]。先进制造业既包括新兴制造业（如战略性新兴产业），也包括传统制造业的先进部分。

与传统制造业相比，先进制造业一般具有以下几个主要内涵特征[122][123]：

（1）产业的先进性，即在世界生产体系中处于高端，通常指高技术产业或新兴产业中具备较高附加值和技术含量的产业链环节，基本属于社会经济发展中的新型产业和热门产业。

（2）技术的先进性，即大量采用信息技术、生物技术、新材料技术、新能源技术和现代管理技术，通过技术创新与应用驱动企业和产业发展，实现制造业的信息化、自动化、智能化、柔性化和生态化生产。

（3）制造模式的先进性。与传统制造模式不同，先进制造业积极推行柔性制造系统（FMS）、精益生产模式（LP）、计算机集成制造系统（CIMS）、虚拟制造模式（VM）、清洁生产模式（CP）等先进制造模式，走质量、效益和可持续发展道路。

（4）生产组织方式的先进性。先进制造模式的变革往往伴随着企业竞争战略和管理方式的调整，从成本管理、创新多元化与专业化分工导向出发，先进制造业企业大都积极实践经营策略的创新，相关的策略采用包括外包、合约生产和联盟式创新等多元化市场组织方式[124]。

（5）管理的先进性。先进制造业要求企业采用先进管理方法，能够借助网络和通信等信息技术，优化配置各类生产要素，充分发挥人力资源优势，提高企业管理的系统化、信息化、智能化、现代化水平。

（6）先进性的动态变化。先进制造业是一个不断发展变化的动态概念，现代产业科技和信息技术的快速发展是先进制造业动态变化的基础和前提。

二、先进制造业基地的概念

先进制造业基地可以从广义和狭义两个角度来诠释：

（1）狭义上，先进制造业某产业（或行业）在一定地域空间内集聚到一定的规模水平，就可以称之为先进制造业基地。这种基地一般应达到以下三项要求：一是具有较高的行业集中度，先进制造业主导行业优势明显，所占份额相当大；二是有较高的空间集中度，先进制造业主导行业在空间上的分布密度相当高；三是有较高的市场集中度，先进制造业行业的主导产品在全省、全国甚至全球市场具有相当高的占有率[125]。理论上，一定地域空间内可能出现不同类别先进制造业行业的共同集聚；但实践中，由于产业技术关联性、产业配套能力和一定地域空间产业承载有限性的综合作用，先进制造业基地往往以某一类主导行业为主，如新能源汽车先进制造业基地、工业机器人先进制造业基地等。

（2）广义上，先进制造业基地反映的是先进制造业某产业（或行业）的整体实力。它是指围绕该主导行业而有机形成的企业集群，这种集群不是一个简单的企业数量的集聚，而是按照先进制造产业和行业发展的客观规律，一系列具有内在关联性、构成完整产业链的各种要素的综合集聚。这些要素包括加工制造能力、技术创新和服务的支撑能力、市场营销能力、经营管理能力、物流配送能力、专业化分工水平和产业的集中度、外向度等。具体而言，完整的先进制造业基地一般应包括八个方面的内容，即产业的集聚规模，先进的工艺技术装备，行业的核心企业和优势主导产品，不断创新的技术研发和服务体系，完善的国内外市场销售网络和营销体系，集约、高效、便捷的物流系统，适应市场需要的完备的开放型产业组织体系，提高人力资源素质的培训和教育体系等。这其中，要特别重视先进制造业及与之相匹配的高端生产性服务业协同集聚，如研发设计、营销策划、要素配置、系统集成、商业模式创新、供应链管理、先进制造的总集成总承包等[126]。因此，先进制造业基地是指以高新技术为先导、高附加值产品为主体、新兴优势产业为基础，若干关联产业规模大、技术创新能力强、国际化程度高、核心企业带动作用强、管理先进的产业集群区[125]。

可以看出，从产业、科技、资金、人才、营销、管理、开放、政策等方面综合考虑，先进制造业基地具有对要素资源的集聚要求及相关特征，突出一定数量、拥有核心关键技术、建立现代企业制度、综合实力雄厚的行业领军企业的引领及关联带动作用，使基地成为区域先进制造业培育平台和发展支撑。

三、先进制造业基地的理论支撑

就理论溯源而言，可从产业升级、产业集群、资源环境经济论、现代管理论等方面构建先进制造业发展及基地建设的理论支撑。

1. 产业升级论

学界对产业升级的内涵主要从产业结构升级和价值链升级两个视角进行诠释。产业结构升级即由传统的劳动密集型产业向资本密集型和知识技术密集型产业转型的动态过程，主要表现为不同类型产业间数量及比例的动态变化[127]，其本质是高附加值产业代替低附加值产业的过程，是产业创新与产业替代的过程，特别是产业创新在产业升级中发挥着主导和决定作用[128]。价值链升级即企业以及产业整体在价值链上或者不同价值链间的攀越过程，主要表现为工艺升级、产品升级、功能升级和价值链间升级四种产业升级方式[129]。其中，价值链间升级即跨产业升级，这与产业结构升级内涵具有一致性。以产业升级论考察，先进制造业以其产业的先进性、技术的先进性、制造模式的先进性、生产组织方式的先进性，以及管理的先进性等丰富内涵，代表了全球制造业转型升级的趋势和方向。对我国而言，先进制造业主要包括两大类：一类是以电子、信息、生物、新材料、新能源、海洋、空间等新技术的发展而产生和发展起来的一系列新兴产业部门，其中包括高端装备制造业、新兴信息产业、新能源、新材料、生物产业、节能环保等战略性新兴产业，这是先进制造业的主体；另一类是利用先进技术对传统制造业加以改进而得到的传统制造业的先进部分。大力发展这两类先进制造业，在加快产业数量及比例扩张的同时积极抢占产业（企业）价值链高端环节，是促进我国产业升级和加快转变经济发展方式的必然选择。

2. 产业集群论

基于企业协作、共享、创新、效率等衍生的综合竞争效应，产业集群在全球遍地开花并演变成为一种世界性的经济现象。按哈佛大学迈克尔·波特的观点，产业集群是大量相关企业按照一定的经济技术联系集中在特定的地域范围，并辅以协会、商会、各类中心、大学和研究机构等相关支撑机构而形成的一个类似生物有机体系统的产业群落[130]。产业集群的竞争力在于它拥有非集群企业无法比拟的竞争优势，这种竞争力主要表现在集群创新、增长速度、市场占有率、生产效率等方面。先进制造业基地内含的行业、空间及市场“三集中”要求，可以充分发挥其关联企业地域集聚的优势，从而激发产业集群效应，提高基地的产业竞争力。同时，产业集群可以发挥其独特的竞争优势，推动先进制造业基地的形成和发展[131]。

3. 资源环境经济论

资源环境经济学认为，与人类的需求相比，资源环境整体上是一种稀缺“资产”，它有三种主要的经济功能：一是为经济过程提供物质和能量来源，在市场经济条件下其价值可以通过价格机制得到反映；二是为经济过程提供吸收其排放废物的功能，但这一功能会受到资源特别是环境承载力的限制；三是为人类活动提供服务功能，但这种功能越来越依赖于人类对资源环境的保护和生态环境质量[132]。因此，针对人类应该采取怎样的经济增长方式才能使社会福利在资源环境的约束之下实现最大化这一问题，特别是资源的最优耗竭率问题、污染问题和环境保护等问题，学界给予了广泛关注。当前，我国制造业发展的资源能源、生态环境等都在发生动态变化。从资源能源看，我国资源相对不足、环境承载能力较弱，人均淡水、耕地、森林资源占有量仅为世界平均水平的 28%、40% 和 25% 左右，石油、铁矿石、铜等重要矿产资源的人均可采储量分别为世界人均水平的 7.7%、17% 和 17% 左右。从环境压力看，长期积累的环境矛盾正集中显现，目前全国有 70% 左右的城市不能达到新的环境空气质量标准，17 个省（区、市）的 6 亿左右人口受雾霾天气影响，水体污染较为突出，土壤污染日益凸显，重大环境事件时有发生①。因此，我国制造业传统竞争优势赖以保持的多种要素约束日益趋紧，已经使粗放式的发展道路越走越窄，资源环境的倒逼机制日益强化，加快产业转型升级已是迫在眉睫。在这一背景下，先进制造业的发展理所当然地成为一种顺势而为之举。先进制造业吸收产业科技前沿技术，并将这些先进技术综合应用于产品研发设计、生产制造、营销管理、售后服务全过程，实现高效、低耗、清洁生产，有助于更好地集约节约资源和保护生态环境，是对资源环境的正向响应。

4. 现代管理论

现代管理论认为，作为先进制造业企业组织中最基本的单位，个人是一种有价值的人力资本，可以成为推动组织发展的积极力量。因而，现代管理理论大都把劳动者看作企业组织中主动的、富于创造性的、勇于负责的因素，并让工作者

---

① 《〈中国制造 2025〉解读之三：我国制造业发展面临的形势和环境》http：//news. xinhuanet. com/finance/2015 -05/19/c_ 127818527. htm.

从内心中把组织的目标看作自己的个人目标，在心理上对工作产生一种满足等。作为现代管理理论的重要学派，权变理论认为，先进制造企业在管理中要根据企业所处的内外部环境、条件的变化适时调整管理战略及策略，其核心是在把握原则性的基础上重新整合组织要素，提高企业组织的适应性，建立起“生命型”的有机式组织。因此，先进制造业特别是企业管理者有时需要通过打破固有的形象，构建容纳多种矛盾结构、过程和文化的能力，创造一种刺激、支持和培育创造性的环境，使每一个人都能够进行持续的学习和自由的创造。这就要求管理者必须使先进制造业的企业组织有足够的创造性以保障竞争，有足够的稳定性以免使组织陷入整体性的混乱当中，维持好变革与稳定之间的动态平衡[133]。从先进制造业内涵看，先进制造模式的变革往往伴随着企业竞争战略和管理方式的调整，这就要求企业采用知识管理、精益管理、人本管理、权变管理等先进管理方法，借助现代信息技术，优化配置各类生产要素，充分发挥人力资源优势，提高企业管理的系统化、信息化、智能化、现代化水平。

第三节　全球先进制造业发展总体态势

一、主要发达国家先进制造业发展态势

当前，以信息通信技术引领的新一轮科技革命和由此引发的产业革命对制造技术、流程和组织模式形成了巨大冲击，世界各主要经济体都将推动先进制造业的创新发展提升到战略高度，特别是美国、德国、日本等发达国家，纷纷围绕先进制造业创新发展制定政策措施，力争赢得未来产业发展和国际竞争的主动权。

1. 美国的先进制造战略

美国“再工业化”战略的核心，源于奥巴马政府上台不久，就把“再工业

化”作为美国整体经济复苏的重大战略逐步推出。2008 年以来奥巴马政府以《制造业促进法案》为中心，陆续制定出台了《重振美国制造业政策框架》《先进制造伙伴计划》（AMP）、《先进制造业国家战略计划》，并在政府明确的战略性、前瞻性和新兴领域制订了发展计划，主要包括：新一代信息技术领域的国家宽带无线通信计划、大数据研究和发展计划、推进数字政府路线图、联邦政府云计算战略等；新能源领域的氢能源计划、SunShot 孵化器计划等；新能源汽车领域的应对电动汽车普及所带来挑战的蓝图等；生物领域的国家生物经济蓝图，以及新材料领域的材料基因组计划等[134][135]。美国希望通过加大制造业创新投入，尤其是在先进制造等新兴领域加快布局，重新获得制造业核心竞争力。随着新产业革命浪潮席卷全球，美国意识到多头推动、单点突破的传统创新模式已经无法适应新形势的要求。因此，联邦政府于 2012 年提出“国家制造业创新网络”计划（National Network for Manufacturing Innovation，NNMI），在全国范围内建立多个制造业创新中心，形成新技术研发和产业化的协作网络，从整合制造业创新资源、促进集成创新的角度推动先进制造业发展。具体而言，美国的先进制造战略与政策的特点主要有两个：一是聚焦前沿领域和特定环节。制造业创新网络关注的领域包括制造过程改进（如增材制造、数字制造、轻量制造、生物制造等），先进制造理念及模式（网络化制造、个性化制造、可持续制造、服务化制造、小型化制造、“本地化制造”和“利基”式制造等），具体技术（纳米技术、碳纳米管、智能传感等），以及重点行业领域（如工业机器人、医疗设备、清洁能源、设计创新等），聚焦于技术发明的起步阶段与产业化生产阶段之间的转变过程，填补了传统创新链条上的短板。二是技术与应用、产品与市场紧密结合。每个科技创新中心作为先进制造业创新活动的基本单元和主要载体，都与其所在区域的先进制造主导产业紧密联系。在创新中心布局时，政府主要从区域和产业两个维度布局创新中心，使其既能够支撑国家宏观战略，也可以为所在区域实现实际利益。根据“国家制造业创新网络”计划（NNMI），美国计划建立 45 个制造业创新研究所（中心），分别设在 45 个不同的州，根据各州的资源禀赋和产业技术优势来安排创新重点，培育不同区域差异化竞争优势。据统计，自2014年以来美国已建立9个先进制造业中心，专门致力于3D打印、集成光子制造、智能传感器等重要颠覆性技术的研究。

2. 德国的“工业4.0”战略

“工业4.0”于2013年4月在汉诺威工业博览会上正式推出，旨在通过工业技术的研发创新继续保持德国制造业的独特优势，被国内外学界认定为第四次工业革命的重要标志[136]。其核心内容可概括为：一个核心——信息物理系统（CPS）；两大战略——实现智能生产并建立智能工厂；三种集成——纵向集成、横向集成和端到端集成；八项措施——制定技术标准和“工业4.0”参考架构体系，开发复杂系统管理工具和方法，可靠、快速和高品质的工业宽带基础设施；构建关于网络、信息和环境的安全保障机制，工作组织创新和设计创新；培育大量的技术人才并建立职业生命全过程培训机制，加强多维度监管，提升资源使用效率[137]。“工业4.0”战略的主要特点为：一是战略方向及聚焦重点明确。“工业4.0”的核心战略是将信息通信技术和网络空间整合为信息物理系统，并以此为平台通过互联网实现人、设备与产品等生产要素的交互联通和有机整合，构建一个高度灵活的个性化、数字化智能制造模式。战略实施重点从生产过程和组织智能化两个维度推进：生产过程智能化主要是研究生产系统、加工工艺的智能化技术：生产组织智能化重点突破生产管理系统的智能化技术，实现客户全流程参与生产。主要的目标导向是培育发展包括生物技术、微电子和纳米技术、新材料、信息与通信技术等为主体的先进制造技术，并力争在这些关键技术领域保持德国的领导地位和竞争力。二是将标准化和参考架构作为重要抓手及关键切入点。德国工业4.0战略的基本任务是通过智能制造提供高品质、安全系数高、可持续发展的产品和服务，而标准和准则为这样的产品和服务提供了透明性和可分析性。德国在战略实施伊始就制定了《德国工业4.0标准路线图》，明确了战略实施全流程的标准需求，提出了具体行动建议，通过构建统一的标准体系为市场主体打造互利共赢的商业平台[134]。借助标准化的准绳，不同企业间技术研发和创新得以规范发展，从而缩短研发成果转向实际生产应用的时间，提高新产品进入市场的速度。参考架构是针对所有行业相关产品和服务最常规的解决方案，也常被用于软件服务和应用框架领域。参考架构为部署、整合和执行“工业 4.0”相关的技术系统提供了工作框架。

3. 日本的智能制造系统战略

日本于2006 年10 月提出了“创新25 战略”计划，“智能制造系统”是该计划中的核心理念之一，主要包括实现以智能计算机部分替代生产过程中人的智能活动，通过虚拟现实技术集成设计与制造过程实现虚拟制造，通过数据网络实现全球化制造，开发自律化、协作化的智能加工系统等[138]。日本智能制造系统战略的特点主要表现在两个方面：一是强化制造业（特别是智能制造）竞争力。2011 年日本发布第四期《科技发展基本计划》（2011 ~2015 年），明确部署多项智能制造领域的技术攻关项目，包括多功能电子设备、信息通信技术、精密加工、嵌入式系统、智能网络、高速数据传输、云计算等基础性技术领域。以日本汽车巨头本田公司为典型，该企业通过采取机器人、无人搬运机、无人工厂等智能制造技术，将生产线缩短了 40%，建成了世界最短的高端车型生产线。二是完善政策支持体系。基于“创新 25 战略”的目标取向，日本政府超前谋划信息社会建设，助推制造业特别是智能制造业的快速发展，提升以智能制造为核心的制造业综合竞争力，从而提出了“U – JAPAN 战略”，目的在于建设泛在信息社会。其主要关注网络信息基础设施、ICT（Information and Communication Technology）在社会各行业的运用、信息技术安全和国际战略四大领域，通过相关软硬件建设，加快形成有线、无线无缝连接的网络环境，建立全国性的宽带基础设施以推进数字广播，建立物联网，开发网络机器人，促进信息家电的网络化等，统筹推进智能制造系统计划的顺利实施。另一方面，通过促进信息内容的创造、流通、使用和 ICT 人才的培养实现 ICT 的高级利用，“U – JAPAN 战略”计划在 ICT

基础设施、物联网等领域取得了一系列成就，为“创新25战略”的实施奠定了基础。2008年，基于“创新25战略”和第三期《科学技术计划》的基本立场和基本目标，日本政府提出了《技术创新战略》，主要围绕提升产业竞争力等方面进行政策设计，着力建设覆盖产业链全过程的智能制造系统，重视发展人工智能技术的企业，并给予优惠税制、优惠贷款、减税等多项政策支持。

二、先进制造业的全球竞争态势

主要发达国家先进制造业发展态势的分析表明，当前，全球范围内科技革命和产业变革浪潮汹涌，发达国家、新兴经济体和广大发展中国家加速融入全球化，世界制造业竞争进一步加剧，发展格局正在发生深刻变化。以信息技术、智能制造技术、新能源、新材料应用为标志的新工业革命方兴未艾，特别是制造领域工业机器人、3D打印技术、生物技术、物联网技术的运用，服务业领域电子商务、网络设计的兴起，全球制造业正发生产业链重构、价值链整合、信息链融合的新变化、新趋势。发达国家侧重于推动制造业回归，通过体系化创新重塑竞争优势和主导权，着力于发展技术领先、产品附加值高的知识技术密集型先进制造业，并把附加值低、耗能高、污染严重的加工制造环节安排在世界范围内进行生产。如美国“再工业化”战略的核心，就是通过发展先进制造业来实现传统工业的改造与升级和新兴工业的发展与壮大，使产业结构朝着具有高附加值、知识密集型和以新技术创新为特征的产业结构转换，以保持美国制造业价值链上的高端位置和全球控制者地位；德国“工业4.0”战略意在重构包括制造、工程、材料使用、供应链和生命周期管理在内的整个工业流程，进而引领以智能制造为主导的第四次工业革命[138]。新兴经济体等发展中国家或地区则力图依托优势要素制订赶超计划，赢得未来先进制造业及其关联产业全球竞争的主动权[139]。如印度以基础设施建设、制造业和智慧城市为经济改革战略的三根支柱，结合本国高度发达的软件产业基础，通过智能制造技术的广泛应用，试图将印度打造为新的“全球制造中心”。发达国家、发展中国家先进制造业的激烈竞争，加速了新型国际化产业分工体系的形成和演化。我国作为制造业大国和人口大国，面对国际上的“双向挤压”和国内要素禀赋的深刻变化，迫切需要搭上新产业革命的快车，加快实施创新驱动和制造强国战略。改革开放以来，我国先进制造业在承接国际产业转移中得到了较快发展，但是在后工业化和信息化时代，物质产品的生产已不能成为国家竞争力的决定因素，在这种情况下，我国要在参与国际分工的同时，着力培育具有自主知识产权的关键技术和共性技术，努力提高技术含量和产品附加值，争取先进制造业发展的主导权。

第四节 江苏先进制造业发展及基地建设现状

一、发展规模

江苏是全国制造业大省，近年来，省委省政府积极推进经济转型升级，坚持以创新驱动为核心，以调高调轻调优调强为目标，着力培育战略性新兴产业，改造提升传统优势产业，促进了全省先进制造业的持续快速发展。为此，笔者在界定先进制造业行业的基础上，从纵向、横向两个方面分析江苏先进制造业发展现状及规模[140]。

1. 先进制造业的行业界定

学界大都采用综合指标体系评价法，从定性分析和定量测度的结合中界定先进制造业细分行业，如郭巍、林汉川[141]、朱遂文[142]、黄晖[123]分别对北京市、广东省、宁波市先进制造业的行业界定。但是，由于采用的指标体系不同，得出的结论往往存在差异。有鉴于此，本文综合上述学者的研究结论，并结合国家统计局《高技术产业（制造业）分类（2013）》（国统字〔2013〕55号）中的行业类型，确定本文研究的先进制造业行业分类，具体包括石油加工、炼焦及核燃料加工业，化学原料和化学制品制造业，医药制造业，专用设备制造业，汽车制造业，铁路、船舶、航空航天和其他运输设备制造业，计算机、通信和其他电子设备制造业，仪器仪表制造业共8个两位数行业。但这样分类可能存在两个问题：一是把行业大类中高端产业的低端部分计算在内，如我国把光伏产业纳入新能源产业统计范围，但其中的相当一部分为产业链低端的加工组装环节；二是忽略了部分传统产业中的先进制造部分，如通用设备制造业中的高端装备制造部分。但考虑到本文研究主要服务于宏观的产业政策及结构调整所需，因此，上述分类对研究结论不会产生根本性影响。

2. 江苏先进制造业规模及结构

在创新驱动战略的统领下，江苏全面增强科技自主创新能力，大力推动以高新技术产业和战略性新兴产业为核心的先进制造业快速发展。按照前文的分类，统计表明，全省规模以上先进制造业产值从2011年的43836.20亿元快速增长到2015年的61655.36亿元，年均增长8.9%。从先进制造业占比看，表6－1显示，江苏省规模以上先进制造业占全省制造业总产值比重（即先进制造业占比，以下同）从2011年的42.51%增长到2015年的42.76%，增长0.25个百分点。需要指出的是，2015年6月江苏省发改委、省统计局联合开展的《江苏省先进制造业发展水平统计评价方法研究课题》成果发布①表明，2014年全省先进制造业占比为41.25%，与笔者的分析结论相比低1.2个百分点，考虑到本文并没有对先进制造业两位数行业作进一步细分，以及相关数据采集困难带来的其他限制因素，可以认为，本文的分析结论基本上在允许的误差范围内，也从对比中说明本文分析结论的相对科学性。

---

① 赵芝明，彭小年．江苏省先进制造业发展水平新闻发布会［EB/OL］．江苏省人民政府网，http：//www.jiangsu.gov.cn/szfxwfbh/xwfbhhz/201506/t20150630_392016.html，2015－06－30.

从行业结构看，表6－1显示，2011～2015年江苏省先进制造业占比最高的前两位行业是计算机、通信和其他电子设备制造业以及化学原料和化学制品制造业，这两个行业占据了全省制造业总产值的近1/4，为典型的“两业独大”行业；其次是汽车制造业和专用设备制造业，分别占全省制造业的4%和4.3%左右；再次是铁路、船舶、航空航天和其他运输设备制造业及仪器仪表制造业，分别占全省制造业的3%和2.3%左右；最低的是医药制造业和石油加工、炼焦及核燃料加工业，分别占全省制造业的2%和1.7%左右，这表明江苏先进制造业行业发展的非均衡性。从2011～2015年的行业发展趋势看，江苏先进制造业占比保持上升态势的行业有化学原料和化学制品制造业、汽车制造业、专用设备制造业、仪器仪表制造业和医药制造业五个行业，而占比下降的行业则主要是铁路、船舶、航空航天和其他运输设备制造业，计算机、通信和其他电子设备制造业两个行业，反映出先进制造业面临的激烈竞争及结构调整。

表6－1　2011～2015年江苏先进制造业占全省制造业总产值比重　单位:%

行业	2011年	2012年	2013年	2014年	2015年
石油加工、炼焦及核燃料加工业	1.83	1.78	1.82	1.69	1.51
化学原料和化学制品制造业	11.38	11.46	11.62	11.79	11.66
医药制造业	1.76	2.00	2.14	2.27	2.45
专用设备制造业	3.81	3.87	3.90	4.06	4.11
汽车制造业	3.72	3.98	4.47	4.69	4.82
铁路、船舶、航空航天和其他运输设备制造业	3.64	3.25	2.88	2.74	2.73
计算机、通信和其他电子设备制造业	14.27	14.08	13.42	12.75	13.11
仪器仪表制造业	2.10	2.26	2.43	2.46	2.37
先进制造业占比总和	42.51	42.66	42.68	42.45	42.76

资料来源：《江苏统计年鉴（2012～2016）》，统计范围为规模以上工业企业。

3. 江苏先进制造业的区域布局

与我国存在东部、中部、西部及东北区域差异类似，江苏也存在明显的苏南、苏中、苏北三大区域差异，可从先进制造业的发展层面得到反映。根据前文先进制造业的行业界定及分类方法，本文对江苏苏南、苏中、苏北三大区域及十三个省辖市先进制造业发展规模、总体水平及动态演变进行测度。首先，从三大区域看，2015 年苏南、苏中、苏北先进制造业占全省先进制造业总产值的比重分别为 58.06%、22.18% 和 19.76%，显然，苏南先进制造业占据了全省近六成比重，其次为苏中，苏北最低；但从动态演变（见图 6-1）看，苏南先进制造业占全省比重由 2013 年的 61.71% 下降到 2015 年的 58.06%，而苏中由 2013 年的 20.77% 上升到 2015 年的 22.18，苏北由 2013 年的 17.52% 上升到 2015 年的 19.76%，从一个侧面传递出苏中、苏北产业结构调整和优化升级的积极信号。其次，从 2015 年 13 个省辖市先进制造业占全省先进制造业总产值的比重（图 6-2）看，位列前三的依次是苏州、南京和无锡市，特别是苏州以 24.37% 的占比雄踞榜首；苏中的泰州、南通紧随其后；苏北仅徐州占比稍高，而连云港、淮安、宿迁三市占比均较低，特别是宿迁仅占全省的 0.93%，从产业先进性层面凸显出各市发展的差异性。最后，从 2015 年 13 个省辖市先进制造业总产值占各市制造业总产值的比重（图 6-3）看，位列前三的依次是南京、苏州和泰州市；其余城市先进制造业比重基本保持在 31%~43%；宿迁最低，全市先进制造业比重仅 0.93%，从工业化进程看，加快制造业结构调整和产业升级显得较为紧迫。

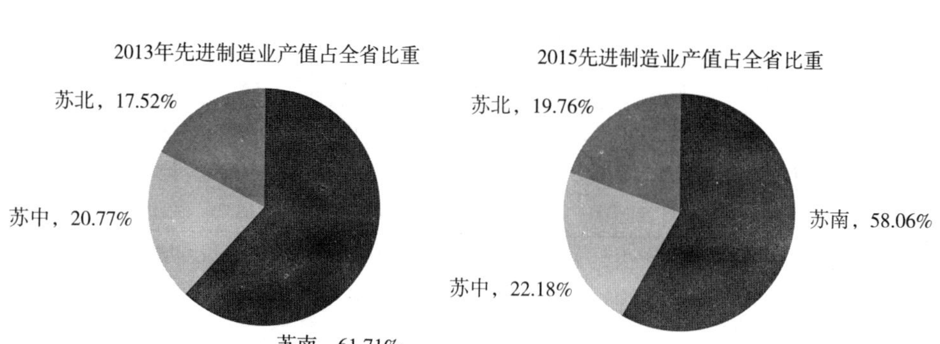

图 6-1　2013 年、2015 年江苏省三大区域先进制造业占全省先进制造业总产值比重

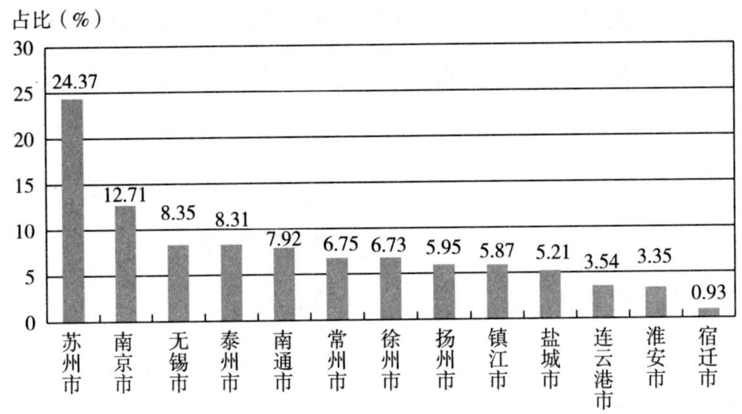

图6-2　2015年江苏13个省辖市先进制造业占全省先进制造业总产值比重

资料来源：江苏统计年鉴2016，统计范围为规模以上工业企业。

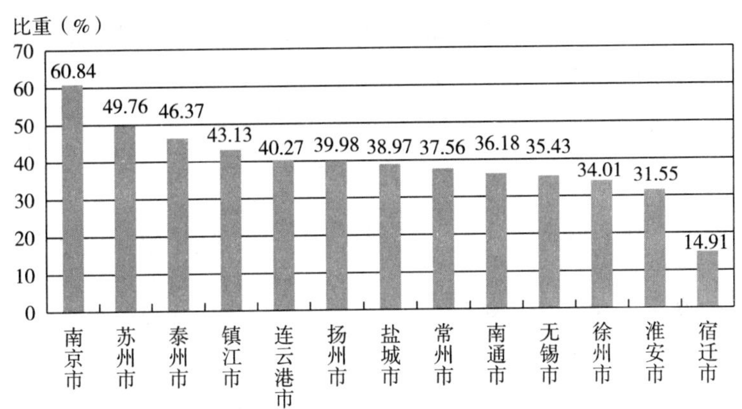

图6-3　2015年江苏13个省辖市先进制造业总产值占各市制造业总产值比重

4. 与广东、山东、浙江、上海的比较

为进一步比较江苏省先进制造业与国内其他省市先进制造业的发展差异，本文选取广东、山东、浙江、上海等典型制造业大省（市）做一比较，结果如表6-2所示。可以看出，2015年江苏先进制造业总产值达6.17万亿元，比广东、山东高出1万多亿元，比浙江、上海则高出4万多亿元，显示出江苏先进制造业较大的总量优势。从五省市先进制造业占比看，表6－2显示，2015年上海先进制造业占比达57.07%，比江苏高出14.31个百分点；广东为44.34%，比江苏略高1.58个百分点；而江苏则分别比山东和浙江高出6.08和12.54个百分点。从行业结构看，石油加工、炼焦及核燃料加工业，化学原料和化学制品制造业，医药制造业，专用设备制造业四个行业占比较高的均为山东省，其次为江苏和上海；汽车制造业占比较高的为上海，比其余四省高出约12个百分点；铁路、船舶、航空航天和其他运输设备制造业、仪器仪表制造业占比较高的均为江苏省；计算机、通信和其他电子设备制造业占比较高的则为广东省，分别比上海和江苏高出8.62和13.37个百分点。

表6－2　2015年五省市先进制造业占各省市制造业总产值比重　　单位：%

行业	江苏	广东	山东	浙江	上海
石油加工、炼焦及核燃料加工业	1.51	2.01	5.28	2.45	3.88
化学原料和化学制品制造业	11.66	5.46	12.54	8.76	8.28
医药制造业	2.45	1.28	3.14	2.08	2.2
专用设备制造业	4.11	2.14	4.64	2.68	3.49
汽车制造业	4.82	5.14	4.74	5.97	17.52
铁路、船舶、航空航天和其他运输设备制造业	2.73	1.07	1.63	2.23	2.72
计算机、通信和其他电子设备制造业	13.11	26.48	4.05	4.7	17.86
仪器仪表制造业	2.37	0.75	0.65	1.36	1.11
先进制造业占比总和	42.76	44.34	36.68	30.22	57.07
先进制造业总产值（万亿元）	6.17	5.13	4.98	1.86	1.70

资料来源：2016年五省市统计年鉴，统计范围为规模以上工业企业。

从2015年先进制造业行业平均规模看，表6－3显示，江苏仅仪器仪表制造业的行业规模明显高于其余四省市，化学原料和化学制品制造业、医药制造业规模与山东相当，其余的石油加工、炼焦及核燃料加工业，汽车制造业，铁路、船舶、航空航天和其他运输设备制造业，计算机、通信和其他电子设备制造业四个行业规模与其余四省市差距较大，反映出江苏先进制造业的行业规模普遍偏小。

表6－3　2015年五省市先进制造业行业平均规模　　单位：亿元/个

行业	江苏	广东	山东	浙江	上海
石油加工、炼焦及核燃料加工业	15.37	29.14	21.18	27.44	31.26
化学原料和化学制品制造业	4.49	2.92	4.5	3.31	3.34
医药制造业	4.98	3.73	5.15	2.86	3.3
专用设备制造业	1.92	1.71	2.58	1.01	1.67
汽车制造业	4.18	8.33	4.60	1.99	10.01
铁路、船舶、航空航天和其他运输设备制造业	4.32	3.13	5.14	2.45	6.6
计算机、通信和其他电子设备制造业	7.23	6.3	7.52	2.24	11.21
仪器仪表制造业	3.85	1.79	2.38	1.29	1.67

资料来源：2016年五省市统计年鉴，制造业平均规模＝制造业总产值/企业单位数。

对比可以看出，江苏先进制造业总规模明显大于其余四省市，先进制造业占比总体上要高于山东和浙江，但与广东尤其上海相比仍存在不小的差距。从行业结构看，江苏仅铁路、船舶、航空航天和其他运输设备制造业，仪器仪表制造业两个行业具有占比优势，反映出江苏先进制造业总量较大、占比居中、结构非均衡的基本特征。从产业规模看，江苏除仪器仪表制造业外，先进制造业单体规模明显小于广东、山东等其余四省市，不利于获取规模经济效益。

二、基地建设

培育建设以先进制造业为主的特色产业基地是江苏省发展改革委2009年来开启的一项工作，经过多年规划引导和培育建设，江苏特色产业基地已成为引领工业转型升级、体现地方特色优势、优化产业空间布局的重要载体。2014年12月19日，江苏省发展改革委印发《关于推进首批省级先进制造业基地发展的通知》，认定南京3D打印先进制造业基地、无锡石墨烯先进制造业基地、常州为工业机器人先进制造业基地、淮安新能源汽车先进制造业基地、盐城市小型飞机先进制造业基地等20家基地为江苏首批先进制造业基地（见表6－4）。可以发现，江苏先进制造业基地涵盖了新能源汽车、新材料、高端装备制造、节能环保、智能制造等行业领域。从区域布局看，江苏先进制造业基地分布在苏南地区10家，苏中地区3家，苏北地区7家，基本做到了全省13个省辖市全覆盖。统计表明，2014年，全省一百家省级特色产业基地预计实现销售收入3.5万亿元，占全省工业比重近1/4，有力地促进了江苏区域经济的持续快速发展。当然，随着区域比较优势的动态变化，江苏先进制造业基地也需在现有基础上进行布局优化，促进基地建设与区域布局的动态优化和整体提升。

表6－4　江苏省二十家省级先进制造业基地

基地名称	基地所在地
3D打印先进制造业基地	南京江宁区
节能环保设备先进制造业基地	南京市（高淳区、六合经济开发区）
新能源汽车先进制造业基地	南京市溧水经济开发区
石墨烯先进制造业基地	无锡市惠山经济开发区
集成电路设计应用先进制造业基地	无锡市无锡新区
高分子与硅材料先进制造业基地	徐州市新沂市
工业机器人先进制造业基地	常州市武进高新区
轨道交通装备先进制造业基地	苏州市高新区
精密设备先进制造业基地	苏州市相城区
智能成套装备先进制造业基地	苏州市常熟市
海上能源装备先进制造业基地	南通市如东经济开发区
碳纤维先进制造业基地	连云港市经济技术开发区
新能源汽车先进制造业基地	淮安市经济技术开发区
智能纺机成套设备先进制造业基地	盐城市东台市
小型飞机先进制造业基地	盐城市建湖高新区
再生纤维利用先进制造业基地	扬州市仪征市
汽车及零部件先进制造业基地	镇江市丹徒区
微特电机先进制造业基地	泰州市靖江市
新型绿色建材先进制造业基地	宿迁市宿城区
智能家电先进制造业基地	宿迁市经济技术开发区

资料来源：江苏省人民政府．江苏省认定首批20家省级先进制造业基地［EB/OL］．江苏省人民政府网，http：//www. jiangsu. gov. cn/jszfxxgk/sylm/sjbmgzdt/201501/t20150128469584. html. 2015－01－28.

三、瓶颈制约

发展规模及基地建设的现状分析表明，近年来，在市场竞争的内力驱动和政府战略的强力推动下，江苏先进制造业获得了持续快速的发展，但仍面临如下瓶颈制约。

1. 产业科技创新能力不强

近年来，江苏加大了产业科技创新投入力度，2014 年全省规模以上工业 R&D 经费投入达 1376.54 亿元，居全国第一。但作为企业研发创新核心动力的基础研究和应用研究经费占比仅 0.7%，不仅远低于广东（5.39%）、山东（3.47%）、天津（3.12%）、北京（1.20%）等省市，也低于全国 2.78% 的平均水平①，更低于发达国家 24% ~58% 的一般水平②。而从作为创新主体的企业看，2014 年全省开展 R&D 活动的规模以上工业企业有 17788 家，占全部规模以上工业企业的 36.5%，虽然较 2013 年上升了 4.2 个百分点，仍有超六成规模以上工业企业没有开展 R&D 活动。可以看出，基础研究和应用研究的短板，企业 R&D 活动的不足，制约了江苏产业（尤其制造业）技术创新能力的质的提升。在汤姆森路透评选的 2015 年“全球创新企业百强”榜单中，江苏乃至全国无一入选，而日本、美国、法国分别入选 40 家、35 家和 10 家企业。产业科技创新投入结构失衡，企业主动创新积极性不高，加上知识产权保护力度不够，使江苏在对未来发展具有关键、颠覆性影响的重大技术创新上，难以同欧美日等发达国家展开有效竞争，可能面临其产业科技领先优势的长期挤压。

---

① 李珠桥，王科欣 . 2014 年广东工业企业研发情况分析［EB/OL］. 广东统计信息网，http：//www.gdstats.gov.cn/tjzl/tjfx/201602/t20160229_ 324611.html，2015 - 12 - 28.

② 根据 2015 年 7 月 23 日江苏省科技统计中心发布的《江苏省企业创新能力研究报告》，在 R&D 经费中，发达国家的基础研究经费一般占 4% ~8%，应用研究经费比重一般超过 20%，最高的接近 50%。资料来源：江苏省科技统计中心 . 江苏省企业创新能力研究报告［EB/OL］. 江苏科技统计网，http：//www.jssts.com/，2015 - 07 - 23.

2. 对外来先进生产设备及核心零部件的过度依赖

改革开放特别是20世纪90年代以来，江苏外向型经济获得高速发展，极大地促进了江苏经济社会的持续快速发展。但由于基础性、配套性产品重视不够，产业科技创新能力偏弱，较高的经济外向度也造成了江苏经济对外来先进生产设备及核心零部件的过度依赖。从江苏乃至全国看，当前95%的高档数控系统，80%的芯片，几乎全部高档液压件、密封件和发动机要依靠进口，使得这些行业沦为组装加工业，产品附加值较低[121]。受此影响，我国高端产业低端发展的现象大量存在。如江苏作为我国光伏产业的领头羊，多晶硅产能已达全球的四分之一，但由于核心技术欠缺，特别是多晶硅提炼技术落后于美国、德国、日本等国家，导致光伏产能基本集中在效率较低的第一代硅基太阳能电池和薄膜太阳能电池的生产上，而在成本和能耗更低的非晶硅薄膜太阳能电池等方面发展较为滞后[143]。

3. 大企业国际竞争力有待提升

从全球范围看，以跨国公司为主的大型企业是国家和地区参与创新和全球竞争的主导力量和重要支撑。作为先进制造业发展的领军者，江苏大企业近年来取得了快速发展，但与国内外同行相比差距依然明显。首先，企业规模小。前文对先进制造业行业规模的统计表明，2015年，江苏除仪器仪表制造业外，先进制造业单体规模明显小于广东、山东、上海等省市，凸显出江苏先进制造业企业规模偏小、大企业数量偏少等基本特征。其次，创新型领军企业欠缺。广东的华为、中兴，山东的海尔、海信，上海的通用、大众等企业均有着较强的创新能力和国际竞争力，但江苏明显缺乏这样的创新型领军企业。再次，品牌影响力较低。2015年世界品牌500强中，美、英、法三国分别占据了228、44和43个；我国内地入选31个，其中包括广东的华为、山东的海尔与青岛啤酒等知名品牌，但江苏无一入选。反映出江苏先进制造企业与国内外大企业的差距较为明显，难以有效参与国际先进制造业制高点的竞争。

4. 先进制造业发展环境亟待优化

首先，长期形成的唯 GDP 论的观念根深蒂固，决定了江苏产业发展中规模优先的工作思路在短期内难以彻底改变，重招商轻配套、重项目引进轻集群培育、重吸引外资轻技术创新等问题突出。其次，我国先进制造业的行业标准化、规范化水平与国际相比还有很大差距，上下游企业供应链无法有序对接[121]。企业自主创新文化氛围不浓，创新风险意识较强，但创新国际视野偏窄。最后，全社会特别是企业的人才培养、引进及体系建设观念滞后，导致院士、国家“千人计划”等高层次科技领军人才选择到高校及科研机构发展居多，企业并没有成为引领先进制造业创新发展的主阵地，加上人才流动障碍、政策体系滞后与市场需求多变等多方面矛盾交织，制约着江苏先进制造业的持续快速发展。

第五节　江苏先进制造业基地培育机制

一、机制分析

基于先进制造业内涵及江苏先进制造业发展现状、基地建设、瓶颈制约等因素考量，需要建立和完善创新驱动、技术标准、要素流动与集聚、布局优化、资源环境及要素成本倒逼、国内外竞争与合作等相关机制（见图 6 -4），培育壮大先进制造业基地，促进江苏先进制造业持续快速发展。

1. 创新驱动机制

当前，产业科技创新能力不强是江苏先进制造业基地培育的主要瓶颈。因此，建立和完善以原始创新和引进消化吸收再创新为主，集成创新为辅的创新驱动机制，是江苏建设先进制造业基地的第一动力。其内涵及作用机理是：首先，

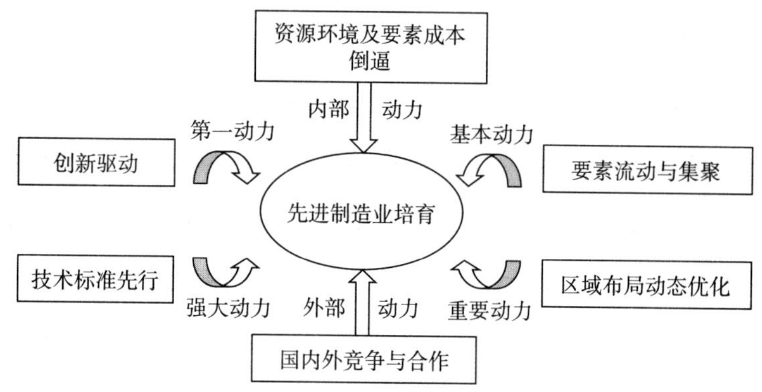

图6－4　江苏先进制造业培育机制框架

完善自主创新体系[144]。加大江苏先进制造业企业研发机构建设和研发投入强度，建立政府推动、企业主导、高校、科研院所支撑、金融及科技中介机构参与的“政产学研融介”协同创新体系和平台；同时，整合全球创新资源，促进国际国内合作及协同创新，凝聚全省及国际国内优势资源强力推进制造业科技创新。其次，加快培养和引进高水平的创新人才队伍。设计科学合理的创新绩效考评体系，完善创新人才激励和约束机制，努力营造宽松和谐的自主创新环境，激发先进制造业科技人员的积极性、主动性和创造性。最后，营造有利于先进制造业自主创新的文化氛围。文化是自主创新的灵魂，加大政府引导和网络、报纸等主流媒体宣传力度，努力在全社会营造支持与鼓励创新的文化氛围，形成尊重创新、尊重人才、大胆尝试、包容失败的文化氛围，培育先进制造业创新发展的文化土壤。而从价值链视角看，创新驱动先进制造业发展的过程也是制造业价值链攀升的过程，即通过从全球价值链底部的生产加工环节向研发设计、品牌营销等高端环节提升，既推动先进制造业快速发展，也促进传统中低端制造业向高新技术产业转型升级。在这个过程中，投入量主要是先进设备、高素质人力资源、技术创新及信息化、产品营销等知识技术密集型资产及生产性服务要素，反映出创新驱动产业升级的内在要求[71]。

2. 技术标准先行机制

科技创新是江苏先进制造业培育发展的第一动力，而技术标准作为科技创新全球竞争的成果之一，是研发设计的组成部分和自然延续，既与科技创新相辅相成（Kondo，2000）[145]，也为技术创新成果的扩散提供了新的机会（David & Greenstein，1990）[146]。Daron Acemoglu 等认为，技术标准化不仅是对技术创新的保护，更是新技术扩散的重要途径[147]。其内在逻辑是，科技研发的成果通过一定的途径转化为技术标准，技术标准则通过实施和运用来促进科技成果转化为生产力，由此，技术标准逐渐成为专利技术追求的最高体现形式。舒辉认为，在“技术专利化—专利标准化—标准垄断化”的全球技术许可战略中，先进制造业科技创新的最高目标应该是将自己的创新成果转化为技术标准，进而成为行业标准、国家标准乃至全球标准，从而获取更大的科技创新效益[148]。因此，强化技术标准的先行及引领作用，促进科技创新、专利技术和技术标准的相互融合，是江苏建设先进制造业基地的强大动力。

3. 要素流动与集聚机制

市场经济条件下的生产要素具有较强的逐利性，倾向于从价格较低的国家或地区流向价格较高的国家或地区。因此，先进制造业基地所在特定区域实际（或预期）存在的高收益，将吸引国内外资金、技术、人才、信息、管理等生产要素流入。张幼文等认为，要素的国际流动存在着结构性的偏向，主要表现为在市场经济利益和实现自我价值的双重导向下，资本、技术、优秀人才、现代管理等高级要素更容易流动，而一般劳动力、土地、自然资源等低级要素的流动不充分甚至基本不能流动[149]。这对先进制造业基地的培育发展具有重要意义，要素的全球流动使得劳动者与工作机会相互吸引，不同国家和地区的先进制造业市场规模内生决定要素流动规模，进而在关联效应、厚市场与知识溢出等作用下形成要素集聚现象[150]，促进先进制造业的基地集聚和快速发展。但市场不是万能的，要发挥政府在要素流动与集聚中的引导作用，目的是优化要素流动环境，理顺要素价格体系，破除要素流动的体制机制障碍，降低经济主体空间经济活动的交易成本，提升先进制造业要素资源配置效率[151]。因此，发挥市场主导和政府引导作用，破除要素流动的体制机制障碍，促进资金、技术、人才、信息、管理等要素的有序自由流动和向基地集聚，提高先进制造业基地要素全球配置效率和产业集群发展水平，是江苏建设先进制造业基地的基本动力。

4. 区域布局动态优化机制

要素流动与集聚是产业经济活动的微观基础，在中观和宏观上表现为区域产业布局的动态优化。产业落地是基地建设的必然，先进制造业的科学布局是实现江苏产业资源综合利用的基本前提，是促进先进制造业基地化建设和集群化发展的主要抓手，是提升全省先进制造业整体功能与综合效益的重要保障。从江苏目前的先进制造业基地布局看，苏南、苏中、苏北分别占据10家、3家和7家，南京、淮安均拥有新能源汽车先进制造业基地，既存在区域布局非均衡现象，也存在地区产业同构的隐忧。而随着政策支持力度的加大，各地还会竞相上马先进制造业，这就需要统筹考虑江苏先进制造业的区域布局和整体优化问题。一方面，要立足区域资源禀赋及产业基础、产业配套等比较优势，发挥区域特色，考虑资源环境承载力，科学选择不同区域先进制造业发展的主导方向；另一方面，要根据区域资源禀赋、要素成本、环境承载力等相关因素的动态变化，加大腾笼换鸟力度，促进先进制造业区域布局的动态优化和产业集群发展。因此，从省级层面建立和完善江苏先进制造业基地地区布局、全省共建的动态优化机制，明确不同区域和地区先进制造业基地建设及发展定位，并进行动态调整和优化布局，深化区域分工合作，是江苏建设先进制造业基地的重要动力。

5. 资源环境及要素成本的倒逼机制

江苏是我国经济大省，但自然资源少、环境容量小。随着工业化、城镇化的快速推进，江苏土地开发强度已由2000年的14.9%上升到2014年的20.9%，居全国各省份首位；人均耕地面积已下降到573平方米，远低于全国1006平方米的人均水平；90%以上的铁矿石、95%以上的能源、98%以上的有色金属等资源需要依靠省外和国外市场供给[①]。根据《江苏省新型城镇化和城乡发展一体化规划（2014～2020年）》，江苏每平方千米的国土面积承载的人口和经济总量分别是全国平均水平的5倍和8倍。由于发展方式的粗放，江苏日益面临资源能源消耗大，单位国土面积污染负荷高，流域性水污染问题严重，区域性灰霾污染程度加重等诸多问题，资源环境承载力面临严峻挑战。从要素成本看，统计表明，江苏职工年平均工资已从1978年的513元上升到2015年的67200元。此外，随着制造业快速发展带来的需求增加，土地、原材料、燃料动力费等相关要素成本也在快速上升。因此，原材料、能源、生态等资源环境的刚性约束，以及劳动力、土地等要素成本的快速上升，成为倒逼江苏先进制造业基地建设及产业升级的内部动力。

6. 国内外竞争与合作机制

竞争是市场经济的主要调节机制之一，为江苏先进制造业的培育和发展提供外部压力与驱动力。随着经济全球化进程的不断加快和发达国家"再工业化"战略的强力推进，制造业全球竞争态势不断加剧，智能制造、服务型制造、绿色制造、融合型制造等先进制造理念及模式成为全球竞相争夺的制高点。在此背景下，江苏制造业必须着眼全球、锐意进取、敢于竞争，要以科技创新、管理创新、体制创新和政策突破为动力，大力改善创新环境，提升先进制造业的创新发展能力，增强江苏在全球范围内配置创新要素和参与国际竞争的能力，打造具有国际竞争力的先进制造业基地，确保江苏在新一轮科技革命和产业变革中把握主动、赢得先机。竞争与合作是相互依存的矛盾统一体，在合作中竞争、在竞争中合作是全球竞争的必然趋势，竞争的成效在很大程度上取决于对手的强弱，合作则是为了更好地参与全球竞争。国际金融危机后，产业经济活动的开放性和国际科技合作成为各国制造业发展的新特点。先进制造业全球竞相发展的新态势，客

---

① 刘沛．江苏土地开发强度全国居首深推资源节约集约利用［EB/OL］．新华网，http：//www. js. xinhuanet. com/2016－04/22/c_ 1118711538. htm，2016－04－22.

观上要求各个国家或国内不同地区进一步深化国际国内合作，融入科技全球化和区域合作进程，把握先进制造业的发展趋势，促进先进制造业的合作协同发展。因此，正视与美欧日等制造业强国的差距，加强与发达国家的开放合作，深化与广东、浙江、上海等国内省市的分工合作，在全球及区域竞争中勇攀高峰，是提升江苏先进制造业基地国际竞争力的外部动力。

二、实证检验

在动力机制理论分析基础上，本节试图建立面板数据模型对江苏先进制造业培育机制进行定量分析和实证检验。

1. 模型的建立

为研究先进制造业培育机制，选取江苏先进制造业各行业总产值作为被解释变量。考虑到创新驱动和技术标准的高关联性，把二者合并为创新及标准驱动变量。要素流动与集聚是产业经济活动的微观基础，在中观和宏观上表现为区域产业布局的动态优化，据此，可以把要素流动与集聚及区域布局动态优化合并为要素集聚及布局优化变量。这样实际选取创新及标准驱动、要素集聚及布局优化、资源环境及要素成本、国内外竞争与合作等4个变量作为解释变量，尝试建立如下面板数据模型：

$$xjzz_{it} = \alpha_i + \beta_1 cxbz_{it} + \beta_2 ysbj_{it} + \beta_3 zyys_{it} + \beta_4 jzhz_{it} + \varepsilon_{it}$$

其中，α_i 为截距，*xjzz* 为先进制造业行业总产值变量指标，*cxbz* 为创新及标准驱动变量指标，*ysbj* 为要素集聚及布局优化变量指标，*zyys* 为资源环境及要素成本变量指标，*jzhz* 为国内外竞争与合作变量指标，β_1、β_2、β_3、β_4 为各解释变量的系数，ε_{it}为随机干扰项，$i=1$，2，…，8 表示先进制造业 8 个行业，$t=1$，2，…，12 表示 2003～2014 年共 12 年数据。模型的正确与否有待下文检验。

2. 指标定义及数据来源

按照先进制造业行业界定方法，采用规模以上工业总产值指标衡量先进制造业行业总产值变量。基于科技创新与技术标准的高度关联性，选择规模以上工业企业研究与发展经费内部支出额及新产品产值（无量纲标准化处理后取平均值）衡量创新及标准驱动变量。要素集聚及布局优化的目的是促进江苏先进制造业的基地化、集群化发展，为此，选择先进制造业各行业集群指数[61]（企业单位数与区位商的乘积）来衡量要素集聚及布局优化变量。根据江苏工业化进程，资源环境主要考虑工业二氧化硫、废水、固体废弃物等主要工业污染物排放量，要素成本主要考虑职工年平均工资水平，据此，采用主要工业污染物排放量及职工年平均工资（无量纲标准化处理后取平均值）来衡量资源环境及要素成本变量指标。国内外竞争与合作的目的是促进先进制造业的开放发展，为此，结合现有数据，选择先进制造业各行业外商直接投资额和出口交货值（无量纲标准化处理后取平均值）来衡量国内外竞争与合作变量指标。

根据研究需要，所有指标原始数据全部来源于 2004 ~ 2015 年《江苏统计年鉴》和《中国统计年鉴》，其余指标则根据指标定义计算得出。为消除异方差，对所有数据均作取对数处理。指标数据无量纲标准化处理方法如下：

对正向指标，采用如下公式进行标准化处理：

$$y_{ij}=\frac{x_{ij}-(x_{ij})_{\min}}{(x_{ij})_{\max}-(x_{ij})_{\min}}$$

对负向指标，采用如下公式进行标准化处理：

$$y_{ij}=\frac{(x_{ij})_{\max}-x_{ij}}{(x_{ij})_{\max}-(x_{ij})_{\min}}$$

产业集群指数为先进制造业各行业企业单位数与区位商的乘积，区位商的计算方法如下：

$$Q_{ij}=\frac{a_{ij}/a_j}{b_i/b}$$

式中 Q_{ij} 即 j 地区 i 产业的区位商，a_{ij}、a_j 分别为 j 地区 i 产业的产值和 j 地区工业总产值，b_i、b 分别为全国 i 产业产值和全国工业总产值。

3. 单位根及协整检验

（1）单位根检验。为防止出现伪回归，必须检验时间序列的平稳性。面板数据单位根检验的常用方法有6种，即LLC、Breitung、Hadri、IPS、Fisher－ADF和Fisher－PP检验法。其中，IPS、Fisher－ADF和Fisher－PP检验法则允许面板数据中各截面序列具有不同的单位根过程，比较符合现实[152]。为此，本文选择IPS、Fisher－ADF、Fisher－PP这三种检验法对各个变量同时检验，结果如表6－5。可以看出，在5%的显著性水平下，先进制造业总产值为平稳变量，而创新及标准驱动、要素集聚及布局优化、资源环境及要素成本、国内外竞争与合作这4个解释变量都是非平稳的一阶单整序列，即*I*（1）序列。

表6－5　江苏先进制造业5个变量的单位根检验结果

变量	方法	水平	一阶	变量	方法	水平	一阶
xjzz	IPS	－3.68071 (0.0001)		zyys	IPS	2.23173 (0.9872)	－3.53411 (0.0002)
	ADF	40.6081 (0.0002)			ADF	6.73307 (0.9445)	40.2466 (0.0002)
	PP	84.9155 (0.0000)			PP	12.0632 (0.6012)	51.3237 (0.0000)
cxbz	IPS	－0.49149 (0.3115)	－2.97182 (0.0015)	*jzhz*	IPS	1.64767 (0.9503)	－4.37866 (0.0000)
	ADF	16.4533 (0.2865)	38.9471 (0.0004)		ADF	6.83064 (0.9410)	45.4561 (0.0000)
	PP	16.8662 (0.2634)	55.9942 (0.0000)		PP	4.33054 (0.9931)	50.9899 (0.0000)
ysbj	IPS	0.78057 (0.7825)	－3.23645 (0.0006)				
	ADF	9.85927 (0.7724)	32.8848 (0.0030)				
	PP	9.04488 (0.8282)	45.1014 (0.0000)				

注：括号内为检验统计值所对应的显著性*P*值，原始数据和一阶差分数据单位根检验方程中只包括截距项。

（2）协整检验。由于创新及标准驱动、要素集聚及布局优化、资源环境及要素成本、国内外竞争与合作这4个解释变量都是一阶单整，可以进行协整检验，以判断4个变量之间是否存在协整关系，结果如表6－6所示。可以看出，在5%的显著性水平下，4个变量之间存在协整关系，表明创新及标准驱动、要素集聚及布局优化、资源环境及要素成本、国内外竞争与合作这4个变量因素之间存在着长期稳定的均衡关系，其方程回归残差是平稳的。因此，可以在此基础上对原方程进行回归，此时的回归结果是较为准确的。

表6－6　江苏先进制造业4个解释变量之间的协整检验结果

检验方法	4个组内统计量		3个组间统计量	
Pedroni检验 原假设：无协整	Panel v	−0.099769 (0.3970)	Group rho	2.099910 (0.0440)
	Panel rho	1.085945 (0.2212)	Group PP	−4.385510 (0.0000)
	Panel PP	−2.199172 (0.0355)	Group ADF	−1.732433 (0.0890)
	Panel ADF	−1.976560 (0.0466)		
Kao检验 原假设：无协整	ADF	−2.608106 (0.0046)		

注：括号内为检验统计值所对应的显著性 p 值。

4. 模型检验

Hausman检验是确定面板模型中采用固定效应还是随机效应的常用方法。利用Eviews 6.0软件对面板数据模型所建立的面板计量模型进行Hausman检验，结果（表6－7）表明，Cross－section random在1%的显著性水平下拒绝原假设，应选择固定效应模型。根据模型检验结果及本文研究目的，采用固定效应的变截距模型进行面板回归分析，说明面板数据模型确定的计量模型是合理的。

表 6－7　江苏先进制造业面板数据模型的 Hausman 检验结果

Test Summary	Chi－Sq. Statistic	Chi－Sq. d. f.	Prob.
Cross－section random	31. 745820	4	0. 0000

5. 模型结果

利用 Eviews 6. 0 软件，把相关数据代入面板数据模型进行计算，可以得到表 6－8所示结果。可以看出，所有变量均达到了 1% 的显著性水平，表明模型估计效果良好。从系数大小看，要素集聚及布局优化、国内外竞争与合作对江苏先进制造业发展具有显著的正向推动作用，一方面说明产业基地化、集群化发展已成江苏先进制造业快速发展的重要动力；另一方面也要看到，国内外竞争与合作的系数达 2. 2811，结合国内外竞争与合作变量指标的定义，反映出江苏先进制造业发展具有一定的对外依赖性，验证了前文对江苏先进制造业发展瓶颈制约的分析结论，即较高的经济外向度也造成了江苏制造业对外来先进生产设备及核心零部件的过度依赖，有的可能还来自于对重大科技支撑的对外依赖。其次，创新及标准驱动、资源环境及要素成本对江苏先进制造业发展表现出明显的负相关性。一方面说明江苏先进制造业自主创新及技术标准掌控能力不足，特别是基础研究、应用研究以及企业 R&D 活动的不足，制约了先进制造业的技术创新和快速发展；另一方面，资源环境及要素成本的系数达－4. 7426，说明主要工业污染物排放量和劳动力成本的上升也会制约先进制造业的快速发展，资源环境及要素成本对江苏产业升级的倒逼效应初步显现。

表 6－8　江苏先进制造业面板数据模型固定效应估计结果

变量	系数	标准误	t 统计量	显著性
常数	3. 3426	1. 0758	3. 1070	0. 0027
创新及标准驱动	－1. 8121	0. 5696	－3. 1816	0. 0022
要素集聚及布局优化	0. 6315	0. 0532	11. 8705	0. 0000
资源环境及要素成本	－4. 7426	1. 2547	－3. 7800	0. 0003
国内外竞争与合作	2. 2811	0. 3546	6. 4337	0. 0000

注：R^2 ＝0. 972486，F＝218. 4943，p＝0. 0000.

第六节　江苏先进制造业基地培育路径

一、加快自主创新，打造江苏先进制造业全球知名品牌

目前，江苏先进制造业的自主创新能力还不强，特别是基础研究、应用研究以及企业 R&D 活动的不足，重引进设备、技术和“短平快”项目，对高投入、高科技、高风险的战略性项目重视不够，加上知识产权保护意识薄弱，产学研结合不紧密，一定程度上制约了江苏先进制造业的科技创新和快速发展。要密切关注美、德、日等发达国家先进制造业科技创新、战略布局及变动方向，建立完善对全球先进制造业持续跟踪、学习、借鉴及创新机制[137]。发挥江苏科教及创新资源丰富的独特优势，改革科技研发资金的投入、使用与监督机制，加大基础研究、应用研究以及企业 R&D 活动投入，优化“政产学研融介”联合创新体制机制，通过制度设计激励创新、撬动创新，带动更多的社会资源参与创新，着力突破智能制造、信息技术等领域的核心关键技术。技术创新是品牌的科技支撑，品牌则是技术创新价值的依附和载体，在技术创新的基础上，着力抓好江苏先进制造业知名品牌培育，促进技术创新与品牌培育的协同发展，打造一批具有国际影响力的江苏先进制造业全球知名品牌。

二、实施标准化战略，争创江苏先进制造业国际标准话语权

自主创新能力不强带来的技术标准竞争上的落后，已经成为制约江苏先进制造业发展的主要因素之一。随着经济全球化的不断深化，发达国家制造业（尤其先进制造业）企业已将标准竞争作为一种基本的竞争战略，并通过标准竞争建立

其他方式难以获取的核心竞争力。江苏作为我国制造业大省，具有制定技术标准的潜力和优势。按照2015年1月24日江苏省人民政府办公厅发布的《省政府办公厅关于印发进一步加强标准化工作意见的通知》精神，要进一步贯彻落实习近平总书记关于“推动中国制造向中国创造转变、中国速度向中国质量转变、中国产品向中国品牌转变”重要论述和中国质量大会精神，发挥技术标准在先进制造业基地建设中的引领作用，加大科技投入，提升原始创新和集成创新能力，使知识产权与技术标准相互融合，科技创新与标准化良性循环，逐步建立技术创新、管理创新与标准研制同步机制，促进科技研发、标准研制和产业发展一体化，力争在目前以科技、专利、技术标准等为表现形式的创新能力及标准竞争中赢得先机和优势地位，推动“江苏制造”“江苏品牌”向“江苏标准”提档升级，在全球先进制造业标准竞争中赢得更多话语权。

三、推行先进制造模式，构建以智能制造为重点的江苏新型制造体系

主动适应新一轮科技革命和产业变革需求，密切关注发达国家先进生产模式及生产设备发展方向，围绕企业的价值增值链，通过有效地组织各种要素，加强典型数控装备、信息物理融合系统、人机智能交互、工业机器人、3D打印等先进制造技术的集成应用，抓好智能制造示范试点，强化智能制造的示范引领作用，积极推行柔性制造系统（FMS）、精益生产模式（LP）、计算机集成制造系统（CIMS）、虚拟制造模式（VM）、清洁生产模式（CP）等先进制造模式，构建以智能制造为重点的新型制造体系，推动江苏先进制造业向柔性、智能、精细化方向转型升级。加快先进制造业企业国际化步伐，鼓励企业发展基于互联网的个性化定制、众包设计、云制造等新型制造模式，提高企业管理的系统化、信息化、智能化、现代化水平，增强企业的国际竞争力。加大先进制造技术及模式对传统制造业的改造提升力度，促进传统制造业向全球价值链中高端攀升，实现先进制造业与传统制造业的协同发展。

四、优化区域产业布局，提升江苏先进制造业集群化水平

根据区域资源禀赋、要素成本、环境承载力等相关因素的动态变化，在充分发挥市场主导作用的同时，加强政府宏观调控和引导，从省级层面建立和完善江苏先进制造业基地地区布局、全省共建的动态优化机制，破除生产要素流动的体制机制障碍，促进资金、技术、人才、信息、管理等要素的有序自由流动和向基地集聚，提高先进制造业基地要素全球配置效率和产业集群发展水平。深化区域分工合作，发挥苏南、苏中、苏北三大区域比较优势，建设特色鲜明的区域先进制造业基地，推动苏南围绕 3D 打印、工业机器人等产业率先发展，推动苏中围绕海上能源装备、再生纤维等产业快速崛起，推动苏北围绕高端装备制造、智能家电等产业加快振兴，形成三大区域产业协同发展格局。依托各类工业园区、高新园区、高新技术产业开发区等平台载体，集中优势资源，挖掘比较优势，高起点高标准规划园区建设，提升先进制造业基地化、集群化水平。

五、加大人才培养引进力度，强化江苏先进制造业的智力支撑

先进制造业是拼知识、拼人才的产业，要发挥江苏高校密集及人才丰富的优势，完善高端人才培养、引进及激励制度，加强领军型企业家、高层次创新创业人才和高技能人才三支队伍建设，围绕新兴产业领域，尽快培育引进一批高端产业创新人才，特别是复合型、创新型人才和企业家队伍。实施产业高端化和企业国际化人才培训计划，加强国际合作，每年组织一批创业创新领军人才、职业经理人和科技企业家到国内外知名高校培训研修，以国际化视野把江苏高校密集、人才资源丰富的固有优势转化为科技创新优势，为建设江苏先进制造业基地提供强大智力支撑。

六、坚持绿色发展，提升江苏先进制造业绿色制造水平

坚持把可持续发展作为建设制造强省的重要着力点，以建立资源节约、环境友好的绿色制造体系为目标，以创新为动力，实施绿色制造工程和节能减排重大项目，加强节能环保技术、工艺、装备的推广应用，推进设计开发生态化、生产过程清洁化、资源利用高效化、环境影响最小化，全面推行集聚、集约、清洁生产，积极探索产业高度聚集、地区行业特色鲜明、碳生产力高的园区低碳发展新模式，构建绿色制造体系，促进江苏先进制造业基地的可持续发展。

第七章　装备制造业集群式创新的区域联动机制

第一节　产业联动机制

区域产业联动是指顺应市场经济改革、产业结构转换、产业分工合作、区域经济发展等内在规律，努力破除产业、区域、要素资源等关联互动的障碍，通过开展高效的区域产业转移与对接，促进产业链、价值链、创新链不断拓展延伸，实现区域间产业的优势互补和联动发展，寻求在一定时间、空间和有限的资源供给范围内，各区域产业结构优化升级的最优效率。区域产业联动与产业转移密不可分。区域产业转移是指资源供给或产品需求条件发生变化后，某些产业从一个区域转移到另一个区域的经济活动过程。区域产业联动的实质就是区域之间适时的资金、技术、劳动力、管理经验等要素的合理流动和优化配置，其核心是产业转移。

江苏长期存在苏北、苏中、苏南的区域发展差异，其重要表现之一就是装备制造业发展的区域差异。因此，需要通过苏北、苏中、苏南的区域联动促进装备制造业的地域集聚和创新发展。但受行政壁垒、地方保护主义、运输成本增加等因素的制约，区域产业联动尤其需要加强政府合作，通过制定产业政策和区域政策等加以支持。从江苏装备制造业的区域联动看，当前主要是在省级政府协调下采用南北挂钩和“1＋3”功能区等多种政府合作形式予以扶持，充分发挥不同区域的比较优势，促进三大区域和“1＋3”功能区装备制造业的区域联动和集群式创新发展。

按照江苏传统区域划分方法，苏北包括徐州、连云港、淮安、盐城和宿迁五市，苏中包括扬州、南通、泰州三市，苏南包括南京、苏州、无锡、常州、镇江五市。本书在分析苏北、苏中、苏南三大区域装备制造业发展比较优势基础上，着力分析三大区域装备制造业联动发展潜力，为苏北、苏中、苏南通过区域联动促进装备制造业的集群式创新发展提供思路。

一、三大区域装备制造业发展的比较优势

1. 研究方法及数据来源

苏北与苏中、苏南在区位、交通、资源等方面存在的客观差异，必然要求三大区域根据各地的资源禀赋，按照比较优势原则来选择撬动区域经济快速发展的产业和行业。为此，下面利用区位商和比较劳动生产率两大指标，对苏北与苏中、苏南三大区域装备制造业发展的比较优势作一简要分析，以明晰各区域装备制造业发展的相对优势所在。区位商的计算公式[153]为

$$Q_{ij}=(a_{ij}/a_j)/(b_i/b)$$

其中，Q_{ij}即j区域i产业的区位商，a_{ij}、a_j分别为j区域i产业的产值和j区域工业总产值，b_i、b分别为全省i产业产值和全省工业总产值。一般而言，区位商大于1的产业为区域专业化部门。

比较劳动生产率的计算公式[154]为

$$C_i=(Y_i/Y)/(L_i/L)$$

其中，C_i 为某区域产业 i 的比较劳动生产率，Y_i/Y 为第 i 产业产值占区域总产值的份额，L_i/L 为第 i 产业就业人数占区域总就业人数的份额。若 $C_i>1$，说明该产业劳动生产率高于区域全部产业劳动生产率的平均值，该产业为具有比较优势的产业部门，且 C_i 越大，该产业比较优势越大；若 $C_i<1$，则说明该产业不具有比较优势，且 C_i 越小，该产业劣势地位越明显。

根据研究的需要和资料可获取性，所采用的数据是 2015 年苏北与苏中、苏南三大区域装备制造业各行业总产值和从业人数数据，主要用于计算分区域装备制造业各行业的比较劳动生产率和区位商。除特别说明外，所有数据均来源于《江苏统计年鉴（2016)》及江苏省 13 个地级市 2016 年统计年鉴中规模以上装备制造业行业数据。

2. 三大区域装备制造业发展比较优势分析

从苏北与苏中、苏南装备制造业各行业区位商计算结果（表 7－1）看，苏北区位商大于 1 的行业主要是通用设备制造业和专用设备制造业两个行业，苏中区位商大于 1 的行业包括金属制品业、通用设备制造业、专用设备制造业、交通运输设备制造业、电器机械及器材制造业、仪器仪表制造业六个行业，苏南区位商大于 1 的行业主要是交通运输设备制造业，电器机械及器材制造业，通信设备、计算机及其他电子设备制造业三个行业。从装备制造业行业区位商在三大区域的方差看，通信设备、计算机及其他电子设备制造业，仪器仪表制造业，电气机械及器材制造业，金属制品业四个行业在三大区域间存在较大差异，它们也分别是各区域具有较高区位商的地区专业化行业。此外，从要素密集度看，苏北装备制造业优势行业主要是劳动和资本密集型产业，而苏南主要是资本和知识技术密集型产业，苏中则介于二者之间，从一个侧面反映出三大区域产业经济发展的梯度差异。

表7－1　2015年苏北与苏中、苏南装备制造业各行业区位商

行业	苏北	苏中	苏南	区域间方差
金属制品业	0.7191	1.4867	0.9176	0.1587
通用设备制造业	1.0967	1.1321	0.9575	0.0085
专用设备制造业	1.1827	1.3874	0.8822	0.0646
交通运输设备制造业	0.6636	1.2648	1.0405	0.0923
电气机械及器材制造业	0.4997	1.4214	1.0481	0.2149
通信设备、计算机及其他电子设备制造业	0.4023	0.3906	1.5444	0.4393
仪器仪表制造业	0.9537	1.6586	0.7334	0.2336

从苏北与苏中、苏南装备制造业各行业比较劳动生产率计算结果（表7－2）看，苏北比较劳动生产率大于1的主要是仪器仪表制造业、交通运输设备制造业、专用设备制造业、金属制品业等行业，苏中比较劳动生产率大于1的主要是电气机械及器材制造业、仪器仪表制造业、专用设备制造业、金属制品业等行业，苏南比较劳动生产率大于1的主要是交通运输设备制造业、电气机械及器材制造业等行业。从装备制造业行业比较劳动生产率在三大区域的方差看，仪器仪表制造业、交通运输设备制造业、专用设备制造业等行业三大区域间存在较大差异。这反映出苏北、苏中、苏南三大区域装备制造业劳动生产率的相对差异性。

表7－2　2015年苏北与苏中、苏南装备制造业各行业比较劳动生产率

行业	苏北	苏中	苏南	区域间方差
金属制品业	1.1101	1.0736	0.7876	0.0312
通用设备制造业	1.0967	0.8938	0.7821	0.0255
专用设备制造业	1.1827	1.1329	0.6929	0.0727
交通运输设备制造业	1.5156	0.8803	1.1308	0.1024
电气机械及器材制造业	1.0735	1.3749	1.1212	0.0262
通信设备、计算机及其他电子设备制造业	0.8014	0.7651	0.8434	0.0015
仪器仪表制造业	1.7712	1.1817	0.8644	0.2117

图7－1、图7－2、图7－3从区位商和比较劳动生产率两个角度，综合反映苏北与苏中、苏南装备制造业各行业的比较优势分布状况。结合苏北与苏中、苏南的劳动力、资本、土地、技术、管理等区域资源及要素禀赋状况，可以大致判

断，苏北在通用设备制造业、专用设备制造业、金属制品业等产业上有着相对的比较优势，苏中在仪器仪表制造业、金属制品业、电器机械及器材制造业、专用设备制造业等产业上具有一定的比较优势，而苏南在通信设备、计算机及其他电子设备制造业，电器机械及器材制造业，交通运输设备制造业，通用设备制造业等产业上具有较强优势。

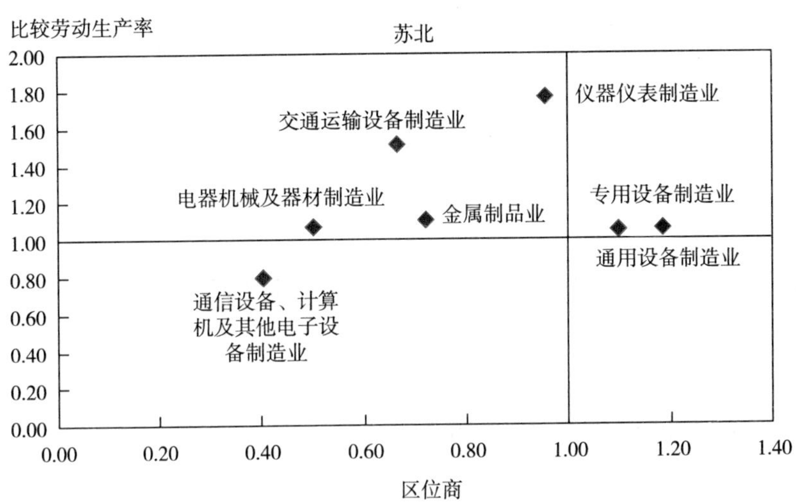

图7－1　2015年苏北装备制造业各行业比较优势分布情况

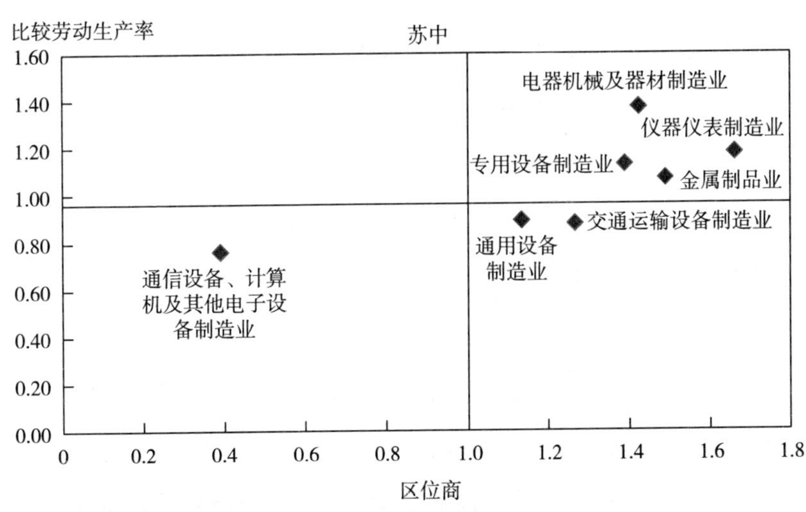

图7－2　2015年苏中装备制造业各行业比较优势分布情况

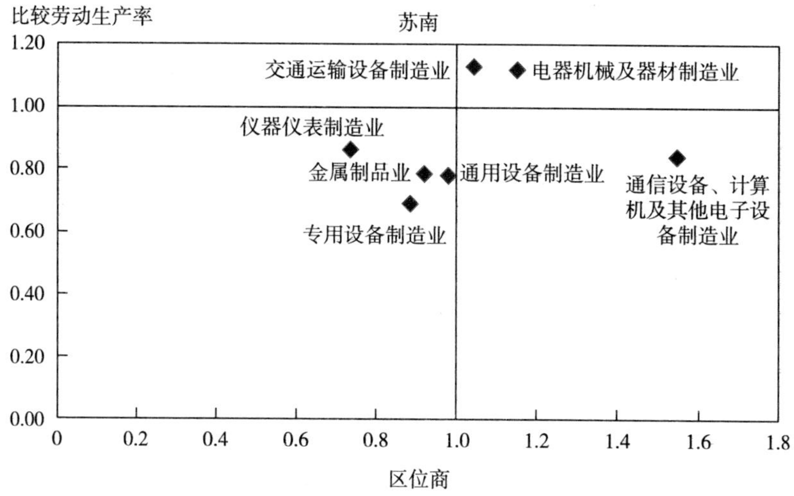

图7－3 2015年苏南装备制造业各行业比较优势分布情况

二、三大区域装备制造业联系潜力

1. 研究方法及数据来源

产业联系是产业联动的基础和前提。在开放经济条件下不同区域的产业发展不是相互孤立的，而是存在错综复杂的经济技术联系，进而推动资金、技术、人才等生产要素在不同区域产业间的相互流动和优化配置，各区域依据自身比较优势选择主导产业进行专门化生产，通过专业分工形成产业链，从而形成和促进区域产业联动发展[155]。江苏三大区域产业发展的比较优势分析表明，苏北、苏中、苏南装备制造业具有不同的区域差异和优势行业，为三大区域装备制造业的优势互补、联动发展和集聚集群奠定了基础。从产业联系角度看，区域产业联动的直接驱动力源于其产业结构差异及相应的政策推动，因而可以借助区域产业结构差异来大体测度区域间的产业联系及联动发展潜力。产业结构一般包含产值结构和就业结构，区域产值结构和就业结构基本反映了区域产业基础和高度化水平。为此，本节拟通过下述模型来测度区域间产业联系潜力（又称产业联系度）[156]，并以此代表产业联动发展潜力：

$$L_{ij} = \lambda \prod_{i=1}^{2} \exp(abs(x_i - y_i)) / \sqrt{d_{ij}}$$

式中，L_{ij}为两个区域 i、j 间的产业联系度；x_1、y_1 分别为 i、j 两个区域某一产业的产值占上级区域（如全国相对于各省份为上级区域）该产业产值的比重；x_2、y_2 分别为 i、j 两个区域某一产业的从业人员占上级区域该产业从业人员的比重；d_{ij}为 i、j 两个区域之间的距离，近似计算中可取两区域几何中心的距离；λ为权重参数，考虑到产业联动的核心是产业转移，而产业转移又以发达区域向欠发达区域转移为主，且只有在欠发达区域具备一定的产业基础及相关辅助或支持性产业支撑的条件下，产业转移才能得以实现，故 λ 值可取欠发达区域产业产值占上级区域该产业产值的比重为参数。

从数据的可得性和测度方法的可操作性考虑，本节拟从苏北、苏中、苏南三大区域装备制造业的联系潜力来探讨三大区域的产业联动程度，并在实际计算中，采取了以下三点做法：①从区域发展状况比较来看，苏南属发达区域，苏中、苏北均属欠发达区域，故在计算苏北与苏中装备制造业联系潜力时，参数 λ 可修正为 1。②关于三大区域间距离的确定，为简化计算，苏北与苏中的距离可取淮安与泰州的直线距离，苏北与苏南的距离可取淮安与常州的直线距离，苏中与苏南的距离可取泰州与常州的直线距离。③数据全部来源于《江苏统计年鉴2016》及江苏 13 个地级市 2016 年统计年鉴中规模以上装备制造业行业数据。

2. 苏北与苏中装备制造业联系潜力

如果说苏北与苏南、苏中与苏南的产业联动是弱强联动，那么苏北与苏中的产业联动则为弱弱联动。尽管目前苏北经济发展水平低于苏中，综合经济实力弱于苏中，但与苏中的差距在缩小，与苏南的差距则在扩大，故苏北与苏中的产业联动仍属弱弱联动。从区位上看，苏中位于苏北与苏南之间，为其联动提供了良好条件。而苏北与苏中的产业联动对于推进苏中的崛起、更好地发挥苏中在缩小江苏南北差距中的传导纽带作用具有十分重要的意义。

利用上述公式测算苏北、苏中、苏南装备制造业联系潜力（简称产业联系度），结果如表7－3所示。可以看出，苏北与苏中具有较强联系度的产业主要是交通运输设备制造业、仪器仪表制造业、电气机械及器材制造业、金属制品业等行业，苏北与苏南具有较强联系度的产业主要是通用设备制造业，专用设备制造业，通信设备、计算机及其他电子设备制造业，仪器仪表制造业等行业，苏中与苏南具有较强联系度的产业主要是电气机械及器材制造业、金属制品业、专用设备制造业、交通运输设备制造业等行业，这为三大区域通过产业联动促进装备制造业的地域集聚集群发展提供了参考方向。从三大区域间装备制造业联系潜力看，苏中与苏南的产业联系潜力明显大于苏北与苏南的产业联系潜力，而苏北与苏南的产业联系潜力总体上略大于苏北与苏中的产业联系潜力，这与三大区域的地理临近性、经济发展水平、产业结构层次等因素具有紧密相关和总体一致性，反映出苏北、苏中、苏南装备制造业发展的梯度差异和联动互补性。

表7－3　2015年苏北、苏中、苏南装备制造业联系潜力状况

行业	苏北—苏中产业联系度	苏北—苏南产业联系度	苏中—苏南产业联系度
金属制品业	0.03399	0.04723	0.20010
通用设备制造业	0.02672	0.05658	0.17263
专用设备制造业	0.02916	0.05305	0.19780
交通运输设备制造业	0.03570	0.04664	0.17342
电气机械及器材制造业	0.03531	0.03821	0.21435
通信设备、计算机及其他电子设备制造业	0.02567	0.05161	0.13974
仪器仪表制造业	0.03546	0.05016	0.17133

从三大区域间的产业联系潜力分析中，我们可以得出一些探索性结论：苏中与苏南在电气机械及器材制造业、金属制品业，专用设备制造业，交通运输设备制造业等产业上存在较大合作潜力；苏北与苏南在通用设备制造业，专用设备制造业，通信设备、计算机及其他电子设备制造业，仪器仪表制造业等产业上存在

较大合作潜力；而苏北与苏中作为欠发达区域，在交通运输设备制造业、仪器仪表制造业、电气机械及器材制造业、金属制品业等产业上也存在一定的合作潜力。这为三大区域通过产业联动促进装备制造业的集群式创新发展提供了可能的思路和方向，当然这需要充分发挥市场力量的同时，积极借助政府推力，协同推进装备制造业的区域联动和集群发展。

三、三大区域装备制造业联动合作现状

1. 联动合作的主要特征

江苏三大区域的装备制造业合作主要在苏北—苏南、苏中—苏南之间进行，其典型模式是南北共建产业园。在省委省政府的推动下，早在2001年江苏就建立了以南京—淮安、镇江—连云港、常州—盐城、无锡—徐州、苏州—宿迁为代表的南北挂钩合作机制。自2007年以来，江苏就开始大胆探索南北共建园区的创新实践，鼓励苏南中重大产业转移项目落户苏北和苏中地区。截至2015年年底，省政府同意批准在苏北地区设立南北共建园区38个，共计成立园区开发平台公司40家，注册资本总额合计46亿元，其中苏南合作方投入注册资本28亿元。南北共建园区是区域经济快速发展的核心区，是产业联动发展的重要载体，是加速产业升级的重要平台，是促进龙头企业形成和产业集聚发展的重要依托。推动产业园区的联动合作发展，加快区域产业结构优化升级，既是科学发展观的重要体现，也是贯彻落实创新、协调、绿色、开放、共享五大发展理念的迫切需要。此外，联动共建园区也包括与省外其他国家和地区的合作，如盐城的中韩汽车产业园等。

在政府引导和市场推动下，南北共建产业园（也包括与省外其他区域等合作共建产业园）加快了苏北、苏中、苏南装备制造业的联动合作和集群发展步伐。以汽车产业为例，南京、盐城、扬州三大乘用车制造基地的快速成长，极大地推动了江苏汽车产业的集群式创新发展。南京作为江苏省会和全球知名城市，高校

众多，科技实力雄厚，推动南京汽车集团有限公司重点打造的名爵等品牌的市场竞争力明显提升，产销规模迅速扩大。盐城通过与北京理工大学、东南大学等合作建立“国家电机电控实验室盐城分中心”，推动东风悦达起亚汽车产业集群式创新发展。特别是东风悦达起亚第三工厂投产后，产销规模迅速扩大，基本型乘用车产量进入国内前十。目前，盐城已形成了乘用车、商用车、专用汽车、新能源汽车等多种类型的整车及零部件配套产业体系，成为江苏省最大的乘用车制造基地、江苏省新能源汽车产业基地、国家级汽车零部件产业基地和江苏省汽车零部件出口基地。扬州的上海大众仪征分公司新桑塔纳全年产量突破 30 万辆，一直稳居国内细分市场前三。加上总投资 120 亿元的北汽集团华东（镇江）基地投产建设，可实现年产 30 万辆中高端乘用车，为镇江打造千亿级汽车产业提供了契机。因此，通过产业链延伸、价值链分工、技术合作、人才交流、信息共享等加快南京、盐城、扬州、镇江四大汽车产业基地的联动合作，对江苏汽车产业的分工合作和集群式创新发展意义重大。江苏省汽车产业“十三五”规划明确提出，要依托各类经济开发区和产业园区，引导上下游关联企业集聚和合作，提高产业规模效应和整体协作能力。重点打造以南京、盐城、扬州、苏州、镇江、常州为重点的乘用车产业集群，以南京、苏州、扬州为重点的客车产业集群，以南京、徐州为重点的载货车产业集群，以徐州、苏州、淮安、盐城、扬州、镇江为重点的专用车产业集群。与苏北、苏南合作不同的是，苏中与苏南合作更强调市场化机制。如南通紧扣“一带一路”倡议、长江经济带发展战略，加大与上海、苏南等地跨江联动合作开发力度，推动了苏通科技产业园、锡通科技产业园、上海市北高新（南通）科技城等 12 家合作园区的建设和发展。如锡通科技产业园园区以高端装备制造等先进制造业为主导，深挖港台、日韩、欧美等国家和地区的招商潜力，针对智能装备制造以及新材料和新型电子产业开展精准招商，全力打造、延伸、拓宽装备制造产业链，于 2014 年 12 月列为省级苏南苏中合作共建园区，成为苏南苏中合作共建园区的典范[157]。再如徐州、常州同为中国工程机械六大生产重镇之一，以智能制造为主攻方向，加强整机和零部件、技术和人力资源等方面的分工合作，将徐州、常州分别打造成为以工程机械为重点的世界级装备制造中心和副中心，有利于推进江苏工程机械行业自动化、数字化、网络化、智能化发展水平，提升江苏工程机械的整体水平和核心竞争力。

通过产业园的南北联动合作或与省外其他区域合作共建，苏北、苏中等欠发达地区可以借鉴苏南等成熟开发区的管理经验和模式，充分利用成熟开发区在招商引资、资本、信息、人才、管理、生态建设等方面的优势，承接发达地区产业转移，改造提升传统产业，整合现有产业及嫁接高新技术产业，加快苏北、苏中新型工业化进程。苏南等发达地区也可以通过产业转移进一步拓宽发展空间，在更大范围内优化资源配置，加快承接国际高新技术产业转移，增创产业发展新优势，促进区域产业结构的进一步优化升级。另外，通过产业园区联动合作，可以有效促进苏北、苏中、苏南装备制造业龙头企业的形成和壮大，并在龙头企业的横向、纵向和侧向拓展中，借助产业园区的合作平台和公共基础设施，通过优势互补和要素集聚，深化产业协作，促进产业集群的形成和发展，壮大规模经济，提升江苏三大区域装备制造业产业发展层级。统计表明，2011 年至 2015 年，苏南、苏中、苏北 GDP 年均分别增长 8.8%、10.9% 和 11.4%。在苏南经济发展质量和效益不断提升的同时，苏中、苏北对全省经济增长的贡献率由 39% 提高到 47%，可以看作三大区域装备制造业联动合作成效的一个反映。

2. 联动发展的主要障碍

（1）联动合作理念冲突。苏北、苏中与苏南装备制造业的联动合作是发达地区与欠发达地区之间的合作，两地政府和企业在改革开放的观念和产业经济发展理念上往往存在一定落差，导致不同区域合作双方在信息沟通和实质合作上存在诸多摩擦，影响和制约装备制造业联动合作效率。

（2）地方政府的保护与竞争。苏南等发达地区的装备制造业升级建立在传统劳动或资本密集型产业有效转出的基础上，但并不意味着传统密集型产业一旦转出，发达地区就能实现产业升级，两者的转换是一个长期但并不同步的过程。

目前苏南等发达地区的高端装备制造业大都处于发展的成长期，还存在制约产业升级的若干问题，特别是创新能力尚显不足，替代传统劳动、资本密集型产业的发展优势还不够成熟。因此，产业转出地区政府存在地方保护和延缓甚至阻碍产业外移的利益动机[158]。另外，由极具地方保护主义色彩的区域产业政策所主导的装备制造业转移中，苏北、苏中地方政府往往采用先建园区、后引产业的模式，一定程度上增加了产业引入失败的机会成本，容易导致园区建设等基础设施的资源浪费，再加上苏北、苏中地区劳动力成本比较优势的一致性和政策引致的产业同构性，使得苏北、苏中地方政府的产业争夺战更加激烈，可能违背区域分工的比较优势原则，削弱资源的区域配置效率[159]，从而影响苏南等发达地区装备制造业的有效转移。

（3）区域产业同构。我国仍处于计划经济向市场经济过渡的转轨时期，在中央政府、地方政府产业政策的推动下，各地存在积极发展政策扶持性新兴产业的政绩冲动。如我国出台战略性新兴产业发展规划以来，各地均把大力发展战略性新兴产业写入地方发展规划，其中就包括高端装备制造业，为装备制造业的重复建设和产业同构埋下隐患[160]。按联合国工业发展组织国际工业研究中心提出的产业结构相似系数计算方法[161]，其具体公式为

$$S_{ij} = \frac{\sum (X_{in} \cdot X_{jn})}{\sqrt{\sum X_{in}^2 \cdot \sum X_{jn}^2}}$$

其中，S_{ij}为地区 i 和 j 的产业结构相似系数，X_{in}和 X_{jn}分别代表部门 n 在地区 i 和 j 的产业结构中所占比重。据此公式进行计算可知，从 2013 年至 2015 年，苏北、苏中装备制造业的结构相似系数由 0.94 降至 0.93，但苏北、苏南的相似系数由 0.82 增至 0.88，苏中、苏南的相似系数由 0.76 增至 0.78，表明江苏三大区域装备制造业具有较高的结构相似性，特别是苏北、苏中产业同构明显。高度趋同的产业结构抑制了区域产业分工深化，也弱化了基于产业联动的产业转移效应。而分工联动的产业转移本身就建立在差异化的产业结构基础上，相似的产业

结构影响各生产要素在区域间的合理配置，致使产业转移的分工效应不能充分发挥[158]。

（4）体制机制及合作效能差异。苏北、苏中与苏南合作区域政府在体制机制、政府职能转变和效能方面存在一定差距，如政府间合作效率差异，南北挂钩合作机制的深入推进，装备制造业企业对合作供需信息的了解掌握等，致使合作双方之间产生较大的交易成本，不仅严重影响了装备制造业区域合作效率，而且可能导致合作协议的失效和产业转移投资的退出。

因此，基于苏北、苏中、苏南装备制造业发展现状及比较优势，顺应市场经济、装备制造业升级、区域发展等内在规律，要努力破除产业、区域、知识技术、要素资源等关联互动的障碍，深化装备制造业分工协作，加快区域产业对接与转移，促进产业链、价值链、创新链不断拓展延伸，实现三大区域装备制造业的优势互补、集聚集群和联动发展。

当然，从全球范围的区域产业联动来看，则需要加快全省装备制造业“走出去”步伐，推动江苏装备制造业与发达国家、发展中国家和地区之间的产业联动发展。目前，江苏对外投资已遍布全球140多个国家和地区，特别是轨道交通装备、工程机械等重点行业成效明显。要主动对接国家“一带一路”倡议，充分发挥江苏作为“一带一路”交汇点的综合优势，鼓励装备制造企业参与境外基础设施项目建设，分类有序推进国际产能和装备制造合作，加快推动工程机械、新型电力装备、轨道交通、海洋工程、高技术船舶等重大装备“走出去”步伐，在全球范围内形成更高层次的区域产业联动发展格局。

第二节　知识技术共享机制

把握区域显性知识易于传递、隐性知识（缄默知识）地域集聚的不同特征，以市场驱动和利益分配为导向，以产业科技创新中心的区域联动为抓手，促进不同区域装备制造业显性知识的转移共享和隐性知识的地域集聚及外溢共享。

一是显性知识技术的共享。知识技术的合作共享是区域产业联动的长效之计，显性知识技术的易于传递成为区域产业联动的重要技术支撑。装备制造业作为资本和知识技术密集型产业，在区域产业的联动发展中，知识技术合作共享的重要地位不仅表现在装备制造业技术密集度和生产要素质量得到提高，而且表现在技术进步成为装备制造业集群式创新发展的关键因素。如苏州工业园通过营造知识共享的园区文化，依托综合信息处构建知识共享组织结构和信息平台，着力建设产业发展专有知识库，推动了园区的知识技术共享和产业科技进步[162]。事实上，装备制造业集群发展的过程往往也是产业知识技术共享的过程。知识技术合作共享在实现企业之间的知识优势互补和提升技术协同创新能力，促进区际间装备制造业结构的互动演进和产业升级，进而推动区域间产业联动和集群发展中起着越来越重要的作用[163]。在市场驱动和利益分配导向下，区域间可以通过技术合作、联合开发、技术转让等多种方式来实现装备制造业的联动发展和技术创新。江苏存在苏南、苏中、苏北经济社会发展和产业科技水平的梯度差异，通过强化三大区域间的知识技术合作和合理利益分配，推动苏南等发达地区知识技术与产业的同步转移，可以增强苏北、苏中对装备制造业核心技术的吸收能力，实现苏北、苏中本地技术与外来技术的有效融合和装备制造业的创新发展。

二是隐性知识技术的共享。隐性知识技术（也称缄默知识技术）是存在于员工头脑中的，它的主要载体是企业员工（包括企业家等管理者）。与显性知识技术可以通过语言、文字、图表或符号等进行明确表述不同，隐性知识技术的拥有者和使用者往往难以清晰表达其主要特征（有时甚至只可意会不可言传），使得传隐性知识技术通过正规的书面表达、大众媒体等形式进行传递存在诸多障碍。但是隐性知识技术并非不能传递，只不过它的传递方式更为特殊一些，如通过师传徒授、现场观摩、情景模拟、非正式交流、人才流动等多种方式进行传递，即隐性知识技术显性化和区域共享。因此，要通过苏北、苏中、苏南的联动发展促进装备制造业的地域集聚和集群发展，建立装备制造业集群内企业员工间的交流互动平台，借助正式交流与非正式交流渠道促进集群内隐性知识的共享与传播，进而加快隐性知识技术的区域传递和共享。另外，要建立有效的集群外人才引进制度，通过隐性知识的社会化过程，将外部具有创新潜力的隐性知识转化为集群内部的竞争优势。

三是产业科技创新中心的区域共建。装备制造业是事关区域经济核心竞争力的战略性产业，其知识技术密集的特性迫切需要加快建设产业科技创新中心。区域科技创新联盟有利于将不同区域企业的市场化优势、科技成果转化优势、资金优势与高校科研院所的人才优势、技术优势等有机结合起来，是加快建设产业科技创新中心的有效途径。江苏是全国高校及科研院所最为密集的省份之一，丰富的科教资源和高密集程度的人才资源是产业科技创新联盟的有力条件，可以有效地将苏南、苏中、苏北的技术、人才、信息、知识等资源实现共享优化，提高装备制造业产业科技创新中心建设质量和效率。根据江苏三大区域装备制造业发展的比较优势和联系潜力，可以结合装备制造业不同行业产业科技创新重点，按照行业科技创新“一个中心 + 多个副中心”的模式在三大区域进行科学布局和合理建设，加快形成三大区域装备制造业企业间的竞合机制，推动企业基于产业垂直联动、产业水平联动、产业分工联动等知识技术共享和产业集群创新目标的协同发展[59]。

第三节　政府合作机制

跨区域的产业联动是各区域间企业、产业和区域协作的主要表现形式。实际上，整个宏观区域经济就是由众多企业、产业和区域而形成的产业联动系统，它一旦形成，将会对区域经济协调发展和区域经济一体化建设产生巨大的推动力。

但在实践中，区域内的产业联动容易得到地方政府的大力支持，而跨区域的产业联动则往往受到行政壁垒、地方保护主义、运输成本增加等因素的制约，甚至出现不同程度的“区域分割”，因而更需要加强政府合作，通过制定产业政策和区域政策等加以支持。从江苏装备制造业的区域联动看，主要是在省级政府协调下采用南北挂钩和“1+3”功能区等多种政府合作形式予以扶持。

一是持续深化南北挂钩合作。2001 年，苏北发展协调小组在徐州召开第一次会议，按照省委、省政府加快苏北振兴，推进区域共同发展的要求和“政府推动、市场运作、优势互补、共同发展”的原则，南北挂钩的 10 个市在 2001 年签订了合作协议书，基本建立了南京—淮安、镇江—连云港、苏州—宿迁、无锡—徐州、常州—盐城的南北挂钩合作网和涉及工业、农业、科技、教育、文化、卫生和旅游等领域的南北挂钩合作协议。2002 年，苏北发展协调小组在沭阳召开第二次会议，提出推进以产业、财政、科技、劳动力为重点的“四项转移”，其核心是产业转移。2007 年，在南北挂钩合作机制引导下，苏北、苏中、苏南三大区域着力开展南北共建园区的创新实践，推动苏南重大产业转移项目落户苏北和苏中地区，其中的一个重要部分就是装备制造业的区域转移。2012 年，省委、省政府出台《关于加快苏北全面小康建设的意见》，再次强调了加快南北产业转移、推进区域协调发展的重要意义。2016 年，省委、省政府出台《关于加快苏北振兴推进全面建成小康社会的若干政策意见》，强调了以四化联动、开放带动为重点加快苏北振兴。总体来看，在省市两级政府的大力推动下，自 2001 年建立南北挂钩合作以来，江苏三大区域特别是苏北、苏南在干部交流、人才培训、劳动力转移、产业合作、共建园区建设等方面都取得了可喜的成绩，促进了装备制造业的区域联动发展。三大区域依托各类产业开发园区，不断加大特色装备产业培育发展力度，至“十二五”末已拥有装备制造特色产业园区 40 多家，形成了一批特色产业集群，促进了全省装备制造业布局的进一步优化。从未来发展看，要立足苏北、苏中、苏南装备制造业产业基础、资源禀赋和比较优势，以市场力量为主，以政府合作为辅，以园区合作共建为平台和载体，在省级政府协调和地方政府推动下，进一步完善南北挂钩合作机制，特别是在产业转移、资金融通、技术交流与合作、人才交流与培训、绿色环保等方面持续深化合作，扎实推进装备制造业的区域联动和集群创新发展。

二是加快推进“1+3”功能区建设。2017年5月，时任江苏省委书记李强同志在苏北发展座谈会上提出“1+3”功能区战略构想。“1”指扬子江城市群，涵盖南京、镇江、常州、无锡、苏州、扬州、泰州、南通沿江八市，“3”指连云港、盐城、南通为代表的沿海经济带；宿迁、淮安为主，包括苏中部分地区的江淮生态经济区；以及徐州为中心城市的淮海经济区。以功能区为导向的“1+3”区域发展战略，改变了以往行政区为主导的“3（苏北、苏中、苏南）+1（沿海）”的区域发展战略，从主要着眼于地区间差距缩小转变到主要着眼于特色开发和国土空间发展结构变化，这对江苏装备制造业的区域联动发展具有重要意义。当前，江苏装备制造业正处于由高速度增长向高质量转型发展的关键阶段，为了在更高层次上推进装备制造业的区域联动发展，需要纵深推进“1+3”功能区建设，全面启动新一轮沿海开发，打造沿沪宁线以装备制造业为代表的新型工业化先导区域，积极促进扬州与南京、镇江，泰州与无锡、常州，南通与苏州装备制造业的两岸联动开发，依托沿东陇海线加快建成以工程机械、智能制造等为代表的先进制造业密集带和苏北振兴的先导拉动区。由此，形成一个以建设新型功能区抓手，以优化装备制造业空间布局和推动产业集群创新发展为导向，在更大范围内实现产业资源的统筹优化配置，进而促进区域共同发展的新格局。

三是建立完善区域信息互动、产业合作和利益协调机制。首先，各区域应提高经济政策的透明度，主动发布苏北、苏中、苏南地方政府的经济政策，以及支持产业发展的重大举措、优惠政策等信息，建立对称的信息互动机制[164]，实现信息资源共享，以增加经济合作中的可预测性，减少合作风险。具体可以采用相关合作部门定期进行互访和对话，通过网络平台、媒体宣传等方式增强信息透明度等多种方式促进各区域间的信息沟通。其次，装备制造业区域联动的目的是通过项目合作和产业发展来推动区域经济发展，苏北、苏中、苏南三大区域要根据自身产业发展的比较优势和区域政策，鼓励不同所有制的装备制造企业参与跨区域的经济合作项目，将装备制造产业链延伸到不同区域，把区域产业联动根植于市场经济的内在利益之中，推动区域产业合理转移，促进装备制造业的专业化分工与区域合作。可以考虑在省级政府主导下设立装备制造业区域联动协调小组，由分管工业的副省长任组长，各地区市长或分管副市长任副组长，采用定期、不定期召开协调会、联席会、现场会等多种形式，协同推进装备制造业的区域合作发展。最后，区域资源禀赋、产业发展的差异性互补优势和经济发展水平的梯度性和共同发展的愿景等，构成了装备制造业区域联动的重要基础，而共同利益和互利双赢是不同区域联动合作的基本法则。由于苏北、苏中、苏南经济社会发展的不平衡，可能会造成合作利益分配不均的情况，这就要求装备制造业的区域合作要兼顾区域整体利益和不同合作地区的利益，对区域内各地区分工合作的经济利益进行协调。可以考虑设立装备制造业区域联动共同发展基金，对公共基础设施建设、企业投资补贴、人才培养等进行重点扶持。同时，区域合作中获益较多的地区应给予获益较少的地区一定的利益补偿，政府也应给予合作中处于弱势的一方一定的政策倾斜，达到区域整体利益与地区自身利益相协调的效果，从而促进装备制造业区域联动的和谐持续发展。

因此，在江苏既有的南北结对、五方挂钩和沿江开发、两岸互动基础上，以省级政府为统领和协调，要着力加快苏北、苏中、苏南各地方政府之间的常态化沟通与合作，纵深推进“1 + 3”功能区建设，形成省市县各级政府协同推动装备制造业区域联动与集群创新的新机制。

第四节　要素流动及优化配置机制

从理论研究与实践发展看，区域产业联动主要表现为要素流动、产业转移和产业联盟三种方式[165]。其中，要素流动是指原材料、资金、技术、劳动力等生产要素跨区域的空间转移和优化配置，是装备制造业区域联动和集群发展的主要途径和外在表现。一般而言，装备制造业生产要素跨区域流动规模的扩大与区域产业联动发展程度间存在着较为明显的因果关系[166]。一方面，推进装备制造业区域联动发展的主要目的就是要扩大资源配置的范围和提高资源的配置效率；另一方面，生产要素跨区域流动规模的扩大又构成了装备制造业区域联动发展的客观物质基础及推动力量。事实上，只有区域间生产要素的流动规模扩大了，不同装备制造业各产业部门及企业等中观和微观经济体在更大范围内优化资源配置的愿望才能落到实处。不仅如此，跨区域要素流动规模扩大现象的客观存在又进一步增强了破除不合理区域经济分割之现状并进而为加快装备制造业区域联动发展进程注入了新的动力。

受资料限制，仅以装备制造业从业人数变化情况为例作一说明。原始数据均来源于2006～2016年《江苏统计年鉴》及江苏13个省辖市统计年鉴，计算结果如表7－4所示。首先，从2005～2015年从业人数增长情况看，苏南装备制造业从业人数增长明显快于苏中和苏北地区，特别是通信设备、计算机及其他电子设备制造业（增长745490人），电气机械及器材制造业（增长358245人），交通运输设备制造业（增长214741人）从业人数增长较快，而仪器仪表制造业略低于苏中但明显高于苏北。其次，苏中装备制造业从业人数增长明显快于苏北地区，特别是电气机械及器材制造业（增长175415人）、交通运输设备制造业（增长174140人）从业人数增长较快。最后，苏北装备制造业从业人数增长较快的主要是通信设备、计算机及其他电子设备制造业（增长151651人），电气机械及器材制造业（增长96196人）两大行业，且通信设备、计算机及其他电子设备制造业，通用设备制造业从业人数增长快于苏中地区。理论上，江苏三大区域装备制造业从业人数的增长主要来自三个方面：一是人口自然增长带来的区域劳动力数量增加；二是省内苏北、苏中、苏南之间劳动力的跨区域流动；三是省外劳动力的净流入。在开放型经济环境下，后两者应该是江苏三大区域装备制造业从业人数增长的主要来源。说明从总体看，苏北、苏中装备制造业从业人员存在向苏南装备制造业流动的趋势，特别是通信设备、计算机及其他电子设备制造业，电气机械及器材制造业，交通运输设备制造业表现明显。同时也包括苏北向苏中的劳动力流动，如电气机械及器材制造业和交通运输设备制造业。此外，从苏北、苏中、苏南装备制造业各行业从业人数占全省比重的变化看，苏南装备制造业从业人数占全省比重均为下降，而苏北、苏中装备制造业从业人数占全省比重基本保持增长态势，一方面反映出三大区域劳动力就业结构的动态调整（如制造业从业人员向服务业的流动），另一方面也说明苏北、苏中装备制造业存在省内外的劳动力流入趋势（如其中的劳动、资本密集型行业吸纳普通劳动力就业，技术密集型行业引进高层次人才等）。

表 7－4　2005～2015 年江苏三大区域装备制造业从业人员平均人数变化情况

行业	苏北从业人员		苏中从业人员		苏南从业人员	
	增长人数（人）	占全省比重增减（%）	增长人数（人）	占全省比重增减（%）	增长人数（人）	占全省比重增减（%）
金属制品业	48248	6.46	67469	3.41	105382	－9.87
通用设备制造业	58414	2.44	50028	－0.31	127977	－2.14
专用设备制造业	55965	3.05	73885	5.75	149623	－8.80
交通运输设备制造业	58833	3.60	174140	9.55	214741	－13.15
电气机械及器材制造业	96196	4.67	175415	4.36	358245	－9.03
通信设备、计算机及其他电子设备制造业	151651	7.74	113108	3.64	745490	－11.38
仪器仪表制造业	26933	8.69	60832	16.34	55493	－25.03

在市场化的进程中推动资金、技术、劳动力等生产要素的自由流动，必须充分发挥市场机制的配置作用，按照市场经济规律的要求促进装备制造业生产要素的区域流动和优化配置。这就需要统一规划苏北、苏中、苏南区域要素市场建设，尤其是金融、人才、技术、信息、产权等重要要素市场，促进各类专业市场和特色市场的合理布局与分工，形成三大区域要素市场联动合作网络，加大三大

区域要素流动与配置的广度和深度[167]。同时，充分发挥政府公共职能，在各级政府（特别是省级政府）和行业协会的推动下，努力破除要素流动的体制机制障碍，培育区域合作发展的市场机制，营造成熟、开放的市场经济环境，提供推动装备制造业区域联动发展的政策、信息等公共服务，完善区域道路、通信等公共基础设施，促进装备制造业集群创新发展所需的资金、知识、技术、人才等要素的区域流动和优化配置。

按照江苏省装备制造业“十三五”发展规划要求，通过装备制造业生产要素的区域流动及优化配置，完善区域协作机制，推进苏北、苏中、苏南三大区域装备制造业错位互动发展①。苏南装备制造业注重原始创新和高端化发展，形成全球知名的产业科技创新和先进制造业基地、全国重要的高端装备制造业引领发展区。苏中地区着力突破部分领域的关键环节，建设一批装备制造优势产业集聚区，形成全国装备制造业带动发展区。苏北地区注重引进消化吸收再创新，探索合作发展新模式，培育装备制造业发展的特色和亮点，尽快成为有影响力的特色装备制造业示范区。而从产业带或产业板块看，要推动沿沪宁线地区重点发展航空装备、轨道交通装备、智能制造装备等产业集群；沿海地区重点发展海工装备、重型港口机械、海岛建设装备等产业集群；沿江地区重点发展高端船舶、数控机床、智能制造装备等产业集群；沿东陇海线地区重点发展工程机械、风电装备等产业集群。通过三大区域和四大产业带的协同联动，优化江苏装备制造业集群布局，提升产业集群式创新效能。

---

① 江苏省经信委．江苏省装备制造业“十三五”发展规划［R］．www. jseic. gov. cn，2016－09－24.

第八章 “一带一路”与装备制造业国际产能合作

第一节 “一带一路”国际产能合作的重要意义

深入推进国际产能和装备制造合作是中央统筹国内国际两个大局促进开放发展的重大决策部署，是当前和今后一个时期对外经济工作的重点任务，对于引领经济发展新常态、跨入对外开放新阶段、拓展经济发展新空间具有重要意义。近年来，我国装备制造业持续快速发展，产业规模、技术水平和国际竞争力大幅提升，与发达国家特别是发展中国家的国际产能和装备制造合作初见成效。特别是《国务院关于推进国际产能和装备制造合作的指导意见》（国发〔2015〕30 号）等政策实施以来，我国与“一带一路”沿线国家积极开展产能合作，取得了明显成效。目前，中国已同 38 个国家建立了产能合作机制，与 10 个发达国家开展第三方市场合作，与东盟等区域组织开展多边产能合作。而随着“一带一路”倡议的不断深化，以及双边、多边合作机制的不断完善，为推进我国与沿线国家国际产能和装备制造合作提供了重要机遇。大力推进以“一带一路”沿线为主的国际产能和装备制造合作，有利于完善装备制造业全球生产、营销及服务网络，推动装备制造业跨区域、跨国集聚集群发展，拓展装备制造业集群发展新空间；有利于推动中国企业与技术先进、实力雄厚的发达国家跨国企业竞争，倒逼企业技术、质量和服务水平提升，增强中国装备制造业的国际竞争力；有利于提升中国装备制造与沿线国家互利合作水平，开创对外开放新局面，增创经济发展新动能。

从江苏来看，“一带一路”倡议赋予了江苏开放发展新机遇。2014 年习近平总书记视察江苏时明确指出，江苏处于丝绸之路经济带和 21 世纪海上丝绸之路的交汇点上，要按照统一规划和部署，主动参与“一带一路”建设，放大向东开放优势，做好向西开放文章，拓展对内对外开放新空间。江苏作为“一带一路”重要交汇点，要深入贯彻习近平总书记系列重要讲话特别是视察江苏重要讲话精神，充分发挥区位优势良好、产业基础雄厚、科教资源丰富、人力资源密集等优势，主动抢抓“一带一路”建设机遇，大力推进装备制造业国际产能合作和跨区域集群式创新发展，着力培育开放型经济发展新动能，努力增创开放型经济竞争新优势，推动江苏高质量发展走在全国前列，更好地服务全国发展大局。

第二节　江苏推进国际产能合作的优势与重点

作为我国经济大省、制造业大省和开放大省，江苏要充分发挥产业基础好、制造业实力雄厚、对外开放程度高的综合优势，在积极承接国际产业转移的同时，着力推进江苏重点产业“走出去”，聚力打造“一带一路”国际产能合作的“排头兵”和“主力军”。

1. 江苏推进国际产能合作的综合优势

从制造业在全国的区位商看，江苏在纺织、服装、建材、石化、冶金、机械、电子、通信、仪器仪表等行业具有明显竞争优势。特别是装备制造业无论规模还是综合竞争力均居全国首位，其中船舶产业产值占据全国的40%、世界的20%，徐工集团更是我国工程机械生产的龙头企业。此外，江苏还是我国海外工程承包大省，特别是建筑业发展成效突出，连续多年保持建筑业产值全国第一。而“一带一路”沿线国家大多处于工业化初期或中期阶段，对采掘、制造、建筑等产业的需求旺盛。江苏可以抓住机遇融合国内外资源，构建国际化生产及营销网络，带动原材料、关键零部件、机械设备等产品出口，促进江苏产品的品牌化、网络化、全球化营销，形成从国内生产零部件，到国外加工组装，再到全产业链复制输出的国际产能合作新模式，培育江苏企业主导的国际产业链、价值链、创新链。

2. 江苏推进国际产能合作的重点行业

根据江苏产业基础和比较优势，未来3～5年要着力推进五大类重点产业“走出去”发展①。一是引导轻纺、石化、冶金、建材等江苏传统优势行业，到资源富集、市场需求大的中亚、西亚、独联体等沿线国家建设生产基地，利用多元化、多层次市场空间延长产品生命周期，有序转移、有效释放优势产能。二是鼓励工程机械、轨道交通、新型电力、船舶和海洋工程等装备制造业，积极参与东盟、中亚、北非、拉美等“一带一路”沿线国家基础设施互联互通建设，多渠道承揽重大工程项目。重点推进巴西江苏机械制造产业集聚区建设，推进与埃塞俄比亚、坦桑尼亚、肯尼亚、尼日利亚等国家或地区开展产能合作试点，着力打造产业转移与对接合作示范区。三是推动建筑企业“走出去”发展，鼓励和支持江苏建筑企业积极参与“一带一路”及周边沿线国家基础设施互联互通工程承包，重点关注非洲“三大网络”（高速铁路网络、高速公路网络、区域航空网络）及亚洲、拉美地区重大基础设施建设，以输出建设、管理、技术等为方

① 郑晓荣．代工黄金时代终结江苏外贸企业如何走出去［EB/OL］．人民网，http：//js.people.com.cn/n/2015/0812/c360301－25943859.html.

向，积极拓展海外工程承包项目，着力提高境外工程总承包、项目管理总承包能力。四是推进境外农业合作，充分发挥江苏农业科技水平较高、农业装备能力较强等优势，支持有实力的企业到中亚、独联体、中东欧等农业资源丰富的国家，以多种方式建立加工厂，共建现代农业示范园区、农场，发展从种植、养殖到加工的全产业链经营，建立海外农产品生产、收购、仓储、加工、运输体系。五是拓展境外能源资源互利合作，重点推动电力、铁矿石、煤炭、木材、有色金属等领域的境外投资，在中亚、西亚、独联体等有条件的地区稳步开展能源资源产品初加工、深加工，形成全省稳定的海外能源资源供应渠道。

第三节 江苏推进国际产能和装备制造合作的主要任务

按照《江苏省推进国际产能和装备制造合作三年行动计划（2016～2018年）》（苏政办发〔2016〕47号），2016～2018年，要围绕国家明确的国际产能合作重点国家和“一带一路”重要节点城市，着力抓项目重园区、抓机制重协调、抓服务重落实，有重点、有目标、有组织地务实开展对外投资，优化全省境外经贸合作区和产业集聚区布局，打造承载国际产能合作项目的重要平台。重点推动一批园区化项目加快发展，引导省内重点开发区和企业积极参与境外园区项目投资、建设和管理。结合江苏产业发展实际，重点围绕工程机械、轨道交通、新型电力、船舶海工4个重大装备制造领域，轻纺、石化、冶金、建材4个传统优势行业①，发挥重点企业带动作用，调动重点城市积极性，在重点国家加快推

① 赵建军.《江苏省推进国际产能合作三年行动计划》解读［EB/OL］. 江苏省人民政府网，http://www.jiangsu.gov.cn/art/2016/6/29/art_46444_2294.html.

进10个重点园区和111个重点项目。

（1）工程机械。充分发挥徐州、苏州、无锡、镇江等城市积极性，着力推动徐工集团、信能机械、宝利国际、泰博尔机械等企业实施4个重点项目，在巴西、德国、俄罗斯、尼日利亚等国家建设一批机械制造基地。

（2）轨道交通。充分发挥常州等城市积极性，着力推动戚墅堰机车等企业实施3个重点项目，在肯尼亚、伊朗等国家建设机车制造和维修基地。

（3）新型电力。充分发挥常州、苏州、泰州、南京等城市积极性，着力推动天合光能、阿特斯、中盛广电、苏美达等企业实施13个重点项目，在印度、泰国、委内瑞拉、南非、巴基斯坦等国家建设一批电站。

（4）船舶和海洋工程。充分发挥无锡等城市积极性，着力推动华西集团等企业实施两个重点项目，在新加坡、马来西亚等国家建设若干船舶建造基地和码头，扩大船舶和海洋工程装备出口。

（5）石化。充分发挥苏州、南京等城市积极性，着力推动东方恒信、南化建设、中化工程等企业实施6个重点项目，在巴基斯坦、马来西亚、斯里兰卡、沙特阿拉伯等国家建设一批生产基地。

（6）轻纺。充分发挥常州、泰州、苏州等城市积极性，着力推动金昇实业、裕纶纺织、奥林特等企业实施3个重点项目，在乌兹别克斯坦、越南、埃塞俄比亚等国家建设一批纺织生产基地。

（7）冶金。充分发挥盐城、连云港、常州等城市积极性，着力推动德龙镍业、华乐合金、常发矿业等企业实施12个重点项目，在印度尼西亚、赞比亚、澳大利亚、马来西亚等国家建设一批有色金属冶炼生产基地，有序推动江苏钢铁企业重点项目在境外落地。

（8）建材。充分发挥扬州、南京、连云港、泰州、徐州等城市积极性，着力推动扬州土木、江苏恒远、中国中材、中复连众、徐矿集团等企业实施50个重点项目，在越南、尼日利亚、埃塞俄比亚等国家建设一批建材生产基地。

（9）农业。充分发挥淮安、徐州、南通等农业产业优势，着力推动徐州优质粮食、蔬菜园艺、高效林果，淮安高效渔业、种植业，南通特色粮油、木材、水产品种养殖等优势产业走出去发展，在印度尼西亚、哈萨克斯坦、乌兹别克斯坦、坦桑尼亚等国家建设一批现代农业生产基地。

第四节 江苏建设境外合作园区的模式与创新

园区经济是江苏开放型经济发展的强大引擎和不竭动力。要充分发挥江苏“园区经济”的特色和优势，持续加大引进外资力度，着力推进境外合作园区建设。

一是充分认识境外合作园区作为企业“走出去”平台的重要性。“一带一路”贯穿欧亚大陆，中间的广大腹地国家资源丰富、发展空间很大广阔，与江苏投资贸易合作潜力巨大。建设境外合作园区是江苏扩大“走出去”规模、提升“走出去”效益、降低“走出去”风险的有效渠道和重要平台，通过境外合作园区既可以推动江苏企业对外投资，又可以借政府管控防范资金“外逃”。江苏实体经济发达，对外投资主要是加工制造、批发零售、商务服务、房地产和采矿产业，以加工制造业为主，且江苏在园区建设上具有成熟的复制推广经验，要加快建设以境外经贸合作区、产业园区、科技园区等为主体形态的境外投资合作平台，持续提升境外产业合作园区建设水平，为江苏企业“走出去”搭建开放合作新平台。

二是加快建设国家级、省级境外合作园区。目前，江苏投资建设的柬埔寨西哈努克港经济特区、埃塞俄比亚东方工业园已被认定为国家级境外经贸合作区，印尼双马农工贸合作区、坦桑尼亚江苏—新阳嘎农工贸现代产业园被确认为省级境外产业集聚区，另有一批省级境外产业集聚区正在迅速崛起。要进一步优化境外经贸合作区和产业集聚区布局，重点推动柬埔寨西港特区和埃塞俄比亚东方工业园区加快形成规模产出效应和品牌扩展效应，大力支持印尼双马加里曼丹岛农工贸经济合作区、坦桑尼亚中坦现代农业产业示范园区和韩中盐城（大邱）产业园建设，积极筹建“霍尔果斯—东门”产业合作园，支持在中亚、中东欧、拉美、非洲等地区创建新的国家级、省级境外经贸合作区，推动建立当地产业体系。支持有实力的江苏企业到中亚、东南亚等沿线农业资源丰富的国家开展粮食、棉花、油料、林业、渔业等作物及资源的投资合作，以多种形式共建现代农业示范园区、农场，发展从种植、养殖到加工、仓储、运输的全产业链经营。

三是积极创新境外合作园区建设模式。支持有实力的跨国经营骨干企业建设境外经贸合作园区，鼓励省内开发区与境外经贸合作区、产业集聚区开展合作，探索自主建设与管理，创新境外园区合作发展新路径。借鉴中马钦州产业园和马中关丹产业园“两国双园”建设经验，以中新苏州工业园区、中德南京智能制造示范区等中外合作产业园为跳板，探索建立江苏“两国双园”“两国多园”“多国多园”国际经贸合作新模式。发挥江苏高校科研院所云集、高端人才密集等科教资源优势，借力江苏“一带一路”科技联盟，拓展与国内外大院大所合作领域，探索在“一带一路”沿线国家建立科技合作园区。放大境外合作园区的平台载体功能，以培育世界级产业基地、国际化企业群体为抓手，着力推动企业、装备、产品、品牌、创新平台、创新成果六个“走出去”，提升境外合作园区产业集群化、创新化、品牌化发展水平。

第五节 江苏推进国际产能和装备制造合作的平台支撑

构建综合性、多元化的互联互通发展平台，是江苏参与“一带一路”和推进装备制造国际产能合作的重要支撑。要大力推进“一带一路”重大开放平台建设，着力打造江苏发展大会、世界物联网博览会、世界智能制造大会、两岸企业家峰会、中国（南京）软博会、中国（连云港）丝绸之路国际物流博览会等重大开放平台①，为发展更高层次开放型经济提供有力支撑。通过省级层面对重点投资贸易空间和开放平台的规划统筹，有序推进江苏“一带一路”交汇点建设，提升向东开放水平，加快向西开放步伐，形成海陆统筹、东西互济、面向全球的江苏开放新格局。主要包括：

（1）江苏发展大会。由江苏省委、省政府主办，大会立足江苏人文资源优势，旨在搭建一个联络感情、对话交流、共谋发展的平台，增进与海内外江苏籍和在江苏学习、工作过的各领域知名人士的联系、交流和合作。

（2）世界物联网博览会。由工业和信息化部、科学技术部、江苏省人民政府等共同主办，无锡市定期承办，旨在构建更加开放、协同、共享的产业生态系统，健全资源共享、优势互补的公共服务支撑体系，成为国内首个国家级、规模最大的世界物联网行业博览会。

（3）世界智能制造大会。由工信部、中国工程院、中国科协和江苏省政府等共同主办，旨在以先进制造技术、信息技术、智能技术与装备产品的融合集成为发展方向，加快智能制造发展，努力打造“智造江苏”品牌，是江苏实现制造大省到制造强省转变的关键和重点所在。

（4）两岸企业家紫金山峰会。由大陆、台湾两岸轮流举办，其中大陆举办地永久设在江苏省南京市，成为两岸间继两岸经贸文化论坛、海峡两岸两会商谈、海峡论坛之后的第四大制度化交流合作平台，也是两岸最有影响的企业家交流合作平台。

（5）中国（南京）软博会。由工业和信息化部、科学技术部、国家新闻出版广电总局、中国国际贸易促进委员会、江苏省人民政府等共同主办，旨在充分

---

① 吴政隆在江苏省第十三届人民代表大会第一次会议上的讲话［EB/OL］. 人民网，http://js.people.com.cn/n2/2018/0205/c360300-31218245.html.

展示国家、省、市软件产业发展成果以及国内外知名软件企业的最新产品和服务，把握新一代信息技术发展趋势，是中国规模最大、国际化程度最高、最具有影响力的软件产品和信息服务展会之一。

（6）中国（连云港）丝绸之路国际物流博览会。由中国国际商会、江苏省商务厅、连云港市等共同举办的以物流为主题的国际性展会，旨在打造“一带一路”交汇点，进一步发挥海陆双向开放窗口和海陆枢纽作用，提升物流、仓储服务的能力，推动“丝绸之路经济带”东方桥头堡建设。

（7）省内重要开放平台。加快南通新机场、通州湾江海联动出海口、等互联互通设施建设，打造江苏远洋集群港和冰上丝绸之路的中国（东部）中心港。加快苏州跨境投等信息化合作平台建设，建立面向“一带一路”的境外投资服务示范平台。加快淮安东部沿海航空枢纽建设，打造淮安开放江苏腹地枢纽。以徐工集团、徐矿集团等企业境外项目为支点，打造徐州对外开放重要平台。

第九章　装备制造业集群式创新路径及对策

第一节　强化知识技术支撑

首先，从江苏装备制造业集群式创新效率看，以集群式技术创新、制度创新、管理创新及其效率提升等为特征的纯技术效率下降对其全要素生产率具有较大影响，特别是以研发创新、管理创新为特征的纯技术效率提升缓慢制约了集群式创新效率的进一步提升。此外，部分行业如金属制品业，专用设备制造业，仪器仪表及文化、办公用机械制造业等集群式创新活动效率偏低。其次，从集群式创新的产值利润率和劳动生产率看，江苏装备制造业集群式创新效益与广东、山东、浙江、上海相比还存在一定差距，特别是通信设备、计算机及其他电子设备制造业，交通运输设备制造业和仪器仪表及文化、办公用机械制造业三个行业差距较大。最后，科技创新投入对江苏装备制造业集群式创新效率表现出明显的负相关性，说明科技研发投入的不足或低效制约了装备制造业集群式创新效率的提升。近年来，江苏省研发经费支出占 GDP 比重基本保持在 2.5% 左右，高于全国平均水平，但经费主要投在试验发展研究上，导致应用研究特别是基础研究投入偏低，综合反映出科技研发投入的数量不足、结构失衡、效率不高等因素的共同存在，制约了江苏装备制造业集群式创新效率的稳步提升。

因此，要深入实施以科技创新、制度创新、管理创新等为核心的创新驱动战略，充分利用江苏不同区域地理临近或信息化网络协作优势，以装备制造业供给侧、需求侧双向改革和集群式创新为导向，加强与装备制造业集群相关的区内外大学及科研院所合作，不断创新科技合作及利益共享机制，增强知识技术生产机构对江苏装备制造业集群式创新的支撑作用。密切关注美德日等发达国家制造业科技创新、战略布局及变动方向，建立和完善对全球先进装备制造持续跟踪、学习、借鉴及创新机制。必须看到，高等学校和科研院所在先进知识技术创造、高端研发人才培育、研发平台服务等方面具有独特优势，是所在区域知识和技术最重要的创造机构之一，这在江苏表现尤为明显。因此，应突出装备制造企业在产学研协同创新中的主体地位，强化市场机制的决定作用和政府的引导作用，通过契约关系建立共同投入、联合开发、利益共享、风险共担机制，以装备制造业技术创新需求为基础，构建协作创新技术平台，凝聚和培育创新人才，聚力突破产业发展的核心关键技术，切实提高产学研合作投入产出效率。同时，科学分析江苏经济社会发展愿景和省内外企业、高校及科研机构的短期、长期需求，积极搭建符合产学研合作需求的公共信息平台，为产学研合作提供信息支撑。加大政府投资扶持力度，引导企业持续投资，引入风险资金和社会资本，建立多元化的产学研合作创新投资机制，为产学研合作提供资金保障。

第二节　建立集群式创新学习交流网络

由于创新活动的复杂性和风险性，单个企业开展创新活动的难度较大，往往需要多个相关企业及高校、科研部门、科技中介、金融机构的共同参与，创新才可能获得成功，充分体现出产业集群式创新的网络化特性。特别是随着互联网、大数据等现代信息技术的快速发展，产业集群的竞争力很大程度上源于网络化联结条件下的企业知识技术合作和产业科技创新。典型的如产学研用基于地理空间和网络空间的多元合作形成产业创新网络，促使生产企业和高校、科研部门等相关机构之间形成一个相互学习的整体，在降低学习成本的同时推动了集群学习的进程，促进更多有创新价值的技术经济活动发生。

因此，要根据江苏装备制造业行业特征及区域创新资源禀赋，在不同行业集群内建立引导和促进产业创新的正式与非正式交流网络，包括市场及政府推动的三大区域间产业交流合作，利用互联网技术建立信息化学习交流网络，加强与国内外行业标杆企业的交流合作，与高校、科研院所的知识信息交流，以及行业协会或科技组织的互动交流等，为集群内企业及其他成员提供学习、交流、创新的机会与场所。首先，基于装备制造业产业链长、产业关联度大、技术密集等特征，要充分发挥集群内龙头企业的创新引领作用和网络骨干企业的中坚传导作用，调动集群内企业（尤其是关联配套的中小企业）互动学习的主观能动性，促进企业间互动学习和知识外溢，全面加强同集群外部先进科技企业的学习合作，形成良好的集群学习氛围，着力在集群内上下游企业以及合作竞争对手之间通过正式或非正式的交流建立常态化学习机制。其次，顺应市场经济、装备制造业升级、区域发展等内在规律，努力破除产业、区域、知识技术、要素资源等关联互动的障碍，建立苏北、苏中、苏南三大区域装备制造业知识技术共享机制，促进三大区域要素流动及优化配置，深化三大区域装备制造业集群分工协作程度，加快三大区域产业对接与转移，促进产业链、价值链、创新链沿集群和区域两个路径不断拓展延伸，实现三大区域装备制造业的优势互补、集聚集群和联动发展。再次，积极借助互联网放大集群式创新功能在一定空间高度集成的核心优势，科学把握集群式创新链的网络性、可达性、灵活性等特征，运用互联网等信息通信技术打破装备制造业集群式创新的物理空间阻隔，促进集群创新链的网络组合和动态优化，提升江苏装备制造业集群的整体创新能力。最后，政府及职能部门积极履行“店小二”职能，建立为产业集群提供技术信息和技术支持的知识中心性机构，为集群管理和服务提供支持与帮助的管理服务机构，引导企业把握产业科技前沿动态，推动集群与外部企业及相关机构的交流与合作，促进外部知识技术的流入和江苏装备制造业集群的创新发展。

第三节　壮大生产性服务业规模

生产性服务业贯穿于装备制造业价值链的各个环节，具有专业性强、创新活跃、技术密集、产业融合度高、带动作用显著等鲜明特点，是推动江苏装备制造业集群式创新发展的重要力量。江苏制造业总体规模及综合实力居全国前列，但长期面临服务业特别是生产性服务业发展滞后的制约。从统计来看，尽管江苏生产性服务业占 GDP 比重与全国平均水平相当，但交通运输、仓储和邮政业、金融业、科学研究、技术服务和地质勘查业比重均低于全国平均水平，反映出生产性服务业行业发展的差异性和非均衡性，需要在经济转型升级过程中高度重视生产性服务业发展。

此外，由于生产性服务业主要以制造业为服务对象，江苏装备制造业的诸多结构性特征和问题也会传递到生产性服务业。如高端装备制造更需要金融服务、科学研究、技术服务、租赁及商务服务、信息服务等知识技术密集型生产性服务业的强力支撑，而中低端装备制造业则对批发零售、交通运输、仓储物流等传统生产性服务业的需求更甚，从而使得装备制造业领域的“低端锁定”在生产性服务业领域演化为“低端绑定”，制约生产性服务业（特别是知识技术密集型生产性服务业）的发展。以徐州工程机械产业集群为例，国内外工程机械行业的激烈竞争使得徐工集团以及集群内分工协作的大中小企业面临产业升级和跨越发展的巨大压力，迫切需要在高端生产性服务业的开拓创新和突破发展上下功夫。徐州市委市政府提出，要依托高铁生态商务区、现代服务业集中区等平台，大力引进和培育跨国公司地区总部、采购中心、营销中心、研发中心，以及金融非金融机构，大力扶持华东煤炭交易市场及软件与服务外包基地建设，做大产业升级引擎，积极发展电子商务、文化创意等新兴服务业态，为徐州工程机械产业集群的创新发展提供强大的知识、技术、金融、人力资源等生产性服务支撑。

因此，首先，要加大江苏生产性服务业投资扶持力度，大力发展研发设计、商务服务、信息服务、现代金融等生产性服务业，推动云计算、物联网服务、电子商务、互联网平台经济等新兴服务业快速发展，积极引导生产性服务业企业运用现代科技信息技术，加大科技研发力度，推进企业技术创新、管理创新、制度创新和模式创新，全面提升生产性服务业企业核心竞争力。其次，充分发挥苏南地区在科技、教育、金融、信息等方面的综合优势，利用信息化条件下生产性服务业虚拟化、网络化趋势及特征，以知识技术共享、产学研合作、学习网络共建、政府推动等为抓手，进一步深化创新南北挂钩、“1+3”功能区等分工合作机制，推动苏北、苏中、苏南三大区域生产性服务业联动发展，提高苏北、苏中生产性服务业发展规模及水平。最后，进一步发挥三大区域各类经济技术开发区、高新技术产业开发区、工业园区等装备制造业集聚区的平台载体功能，扩大生产性服务业对外开放程度，积极承接国际生产性服务业转移，因地制宜引导生产性服务业以装备制造业集聚区为中心配套发展、特色发展、集群发展，逐步建立和完善装备制造业集群式创新的生产性服务业体系，促进生产性服务业与装备制造业互动融合和创新发展。

第四节　加大核心企业培育及政策扶持

从全球范围看，以跨国公司为主的大型企业是国家和地区参与全球竞争的主导力量，资本和技术密集的装备制造业更是如此。由于装备制造业对企业资产规模及技术创新能力的要求较高，往往导致集群内中小企业的创新能力不足，需要通过大型龙头企业对集群外部知识技术的学习引进和内部知识技术的学习整合，构建以龙头企业为核心、骨干企业为支撑、中小企业为节点的知识技术学习网络，推动装备制造业集群内企业的合作创新和整体发展。作为装备制造业发展的领军者，江苏大企业近年来取得了快速发展，但与国内外同行相比差距依然明显，特别是像徐工集团一类的创新型领军企业欠缺。相比之下，广东的华为、中兴，山东的海尔、海信，上海的通用、大众等企业均有着较强的创新能力和国际竞争力，江苏装备制造业必须正视这种差距，做大做强领军型、骨干型等核心企业。

因此，首先，要加大核心企业培育及政策扶持力度，推动装备制造业核心企业在国际、国内两个层面开展资源整合和资本运营，加快“走出去”步伐，积极收购境外研发资源、优质资产、优势品牌和营销网络，通过兼并重组、资产收购等多种方式优化资源配置，提升企业自主创新能力和市场拓展能力，培育壮大装备制造业核心企业。如在国家扩大对外开放特别是“一带一路”倡议的推动下，徐工集团作为中国工程机械行业领军企业和中国装备制造“走出去”的成功典范。2011 年，徐工并购荷兰 AMCA 公司、德国 FT 公司两家基础零部件研发制造企业；2012 年，徐工并购混凝土机械全球领先企业德国施维英公司；2013 年，徐工德国、美国研发中心和欧洲采购中心投入运营；2014 年，总投资 2 亿美元、年产主机 7000 台的徐工巴西制造基地一期项目竣工投产，在南美打造第一个国际化样板。产品“走出去”→人员“走出去”→企业、资本和文化“走出去”，已经成为徐工国际化新征程的主要形态。通过整合全球资源打造以徐工为核心的全球工程机械产业价值链，推动企业向全球价值链中高端有序攀升，大大提升了徐工集团的全球竞争力。其次，引导核心企业延伸服务链条，从以产品制造为核心向产品、服务和提供整体解决方案并重转变，从提供设备向提供设计、承担项目、实施工程、项目控制、系统维护和管理运营等一体化服务转变，为客户提供总集成总承包服务，提升核心企业综合竞争力。最后，通过产业政策、税收政策、土地政策和知识产权保护政策等政策措施的支持，保护装备制造业核心企业的创新收益，通过协调企业间关系等激发核心企业知识扩散的意愿和动机，促进核心企业创新成果的传播和扩散。

第五节　建立区域产业联动机制

推动江苏三大区域装备制造业联动发展，应把握统筹区域发展的基本原则，按照“总体规划启动、基础设施先行、重大项目跟进、科教人才支撑、市场机制保证”的总体思路，建立政府推动、企业主导、利益连接、市场运作的区域产业联动机制，使各地区经济破壁融合，把本地优势与外来力量、自力发展与借力发展结合起来，推进交通联网、市场对接、资源共享、园区共建、产业共兴，促进装备制造业的优化布局与联动集群发展。

一是成立协调机构，发挥地方政府在促进区域产业联动中的主导作用。在装备制造业的区域联动中，政府的作用是极其重要的。要把苏北、苏中、苏南这样的区域从空间的概念转变为代表区域利益的实体，就必须有超越地方政府的协调机构，通过协调机构的积极推动和统筹管理，促进区域内部不同地方政府形成利益一致的板块，并与外部区域之间形成相互区别、相互竞争、相互合作的主体，这时进行区域之间的协调才可能有实效，否则可能导致各个地方政府之间低效的竞争与合作。因此，必须制定一种制度来激发和推动各级政府参与到互动协调的过程中来，这种制度应尽可能地使得外部效应极大地内在化。比较可行的制度设计同时也是最迫切需要解决的问题，就是设立区域性协调机构。2001 年以来，江苏省委、省政府先后成立了苏北、苏南、苏中发展三个领导小组，如苏北发展协调领导小组、苏南国家自主创新示范区建设工作领导小组和苏中发展工作领导小组等，2009 年以来又成立了江苏沿海地区发展领导小组，以协调解决园区共建、产业合作等事关区域发展的全局性重大问题。下一步，这些区域性协调机构应在贯彻省委省政府精神的基础上，进一步完善引导、服务、保障、监督等体制机制，切实推进江苏南北各市县级政府之间的产业联动与挂钩合作，提升南北合作质量及效益。

二是打破行政壁垒，为区域产业联动营造统一的市场环境。保证各种生产要素通过市场自由地流向报酬率最高的地区，保证各产业联动主体能够自主地选择成本最低的区位，必须有发育完善的市场体系和统一市场作基础。目前，江苏各区域之间的市场分割现象仍然不同程度地存在，导致人才不能充分地、自由地流动。另外还存在一些市场封锁、地方保护主义等分割市场的行为。为此，必须按照建立社会主义市场经济体制总体要求，进一步深化改革，完善市场体系，健全市场法律法规，打破地方保护和垄断，在完善商品市场的同时，加快发育和完善各类要素市场，加快区域市场接轨的步伐，在促进区域市场充分发育的基础上推动全省统一市场的形成。要建立健全市场交易规则，制定省内区际贸易法规，以法规的形式保障区域间正常的经济技术联系和各自的合法权益；消除画地为牢、分割市场的体制性因素，改革不合理的价格体系，为产业联动主体提供准确的信息，并为区域间等价交换提供体制保障；制定统一平等的区域贸易政策，保证区域比较利益的实现；加强交通运输、邮电通信等市场基础设施建设，为生产要素的自由流动和市场的充分发育提供物质保障；形成良好市场秩序，实现全省市场的统一高效、公平竞争，为全省开展南北产业联动搭建平台。

三是强化分类指导，促进苏北与苏中、苏南产业的联动发展。区域经济发展不平衡既是客观存在的，也是影响区域全面、快速发展的重要制约因素。苏北与苏中、苏南在资源方面具有明显的互补优势，这为江苏装备制造业的南北联动发展提供了契机。要尊重产业发展规律，强化分类指导，根据各个市县的经济发展水平、产业联系、发展特点和优势领域，推进产业、产品转移，加快苏北与苏中、苏南的一体化步伐和产业联动发展。苏南外向型经济发展水平高，资金实力及融资能力强，信息灵通，技术及管理水平高，既能为与其他地区联合开发提供较为先进的技术、人才资源及资金支持，也可开拓广阔的海内外市场。而苏中与苏北虽然经济发展水平较苏南低，但却有着煤炭、石油、天然气、非金属矿产、海洋资源、生物资源、水力资源、土地资源等资源优势，劳动力资源充沛且价格低廉。各自所长为对方所短，这为江苏省内资源的优化配置和南北产业联动发展提供了有利条件。因此，从装备制造业优化布局和集群创新的要求出发，要充分利用产业互补的特点，形成若干产业链，通过互补开发，优化产业地域配置，积极有效地推进南北产业联动发展。

第六节　规范和完善科技中介组织

科技中介组织及其行业的发育程度，已逐渐成为衡量一个国家和地区科技创新能力和市场经济成熟程度的重要标志之一。科技中介组织作为整个社会中介组织中知识技术含量较高的重要一部分，是国家和区域创新体系的重要组成部分，是科技与应用、生产与消费不可缺少的服务纽带，对提高生产性服务业发展水平，促进经济结构调整，健全现代科技市场体系，加快科技成果转化和中介服务业市场化进程等具有重要的促进作用。《国家中长期科学和技术发展规划纲要(2006~2020年)》明确提出，要针对科技中介服务行业规模小、功能单一、服务能力薄弱等突出问题，大力培育和发展各类科技中介服务机构，引导科技中介机构向专业化、规模化和规范化方向发展。

江苏科技、教育资源丰富，具有大力发展科技中介行业的较强比较优势，但现有科技中介组织及其服务体系满足不了江苏日益增长的装备制造业科技服务需求。一方面，装备制造业企业特别是中小企业创新能力偏弱，迫切需要科技中介组织在信息、技术、成果转化和产业化、技术改造、企业管理、市场开拓等方面提供专业化的咨询、经纪、孵化、检测等服务。另一方面，高校和科研院所等研究机构在进行科技开发、创新成果产业化方面，也需要专业化的科技中介提供良好的中介服务。因此，要围绕江苏装备制造业集群式创新对科技中介组织的内在需求，大力发展金融、保险、风投等科技投资机构，合理发展会计师事务所、律师事务所、咨询评估等科技服务机构，规范发展产权交易市场、人才流动市场等科技中介机构。要深化体制机制改革，创新发展模式，以促进产学研合作、技术咨询和服务、科技成果转化、网络化协作等为主线，健全科技中介机构管理、监督制度，推动科技中介组织和服务向专业化、规模化和规范化方向发展，形成社会化、网络化的科技中介服务体系，促进江苏装备制造业的集群式创新发展。

第七节　加强区域创新软环境建设

影响装备制造业科技创新的环境因素可以分为硬环境和软环境两类。前者主要包括企业厂房、生产设备、研发中心、实验室等硬件设施，后者主要包括创新政策、文化氛围、科技服务等软件条件。实践证明，当区域创新环境与产业经济运行相适应时，会产生激活内力、吸纳外力、促进产业创新发展的马太效应，反之则会阻碍区域产业的创新发展及结构调整，而且在这两类环境中软环境的作用更为凸显，需要特别重视和加强区域创新软环境建设。

目前，江苏装备制造业发展中还不同程度地存在专利保护薄弱、产品侵权等知识产权保护问题，因企业性质、规模，甚至地域差别等遭受政策歧视，因企业规模大小、行业类型，甚至企业家所属群体等因素遭受融资歧视，中小企业融资难突出，民企的生存环境有待改善，民营企业家社会地位有待提高，等等，不利于江苏装备制造业的集群式创新发展。因此，推动江苏装备制造业集群式创新更依赖于区域软环境的营造，即创造有利于产业科技创新的社会文化氛围、制度体系及政策环境。这就要求政府要进一步规范政府行为，完善市场秩序，健全法制环境，特别是强化知识产权保护，为企业自主创新提供足够的市场激励、政策扶持和权益保障。要加大基础研发投入及金融扶持力度，积极营造高效的产业科技创新服务环境，为企业自主创新及成果转化提供良好的配套服务，为高校及科研院所科技研发提供有力的保障服务。要牢固确立“人力资源是第一资源”的创新理念，充分发挥江苏高校密集及人才丰富的优势，完善高端人才培养、引进及激励制度，加强领军型企业家、高层次创新创业人才和高技能人才三支队伍建设，围绕新兴产业领域，尽快培育引进一批高端产业创新人才，特别是复合型、创新型人才和企业家队伍，并从提高人才收入、拓展职业空间、改善工作生活环境、完善子女教育等方面进行系统谋划和综合出策，加快人才向苏北、苏中、苏南集聚步伐，为江苏装备制造业高质量发展营造良好的区域创新软环境。

参考文献

[1] 林桂军，何武．中国装备制造业在全球价值链的地位及升级趋势[J].国际贸易问题，2015（4）：3－15.

[2] 綦良群，周凌明．基于服务化的装备制造业价值链整合过程及仿真分析[J].中国科技论坛，2018（12）：60－70.

[3] 林珏．美国“再工业化”战略研究：措施、难点、成效及影响[J].西部论坛，2014，24（1）：76－85.

[4] 林桂军，何武．全球价值链下我国装备制造业的增长特征[J].国际贸易问题，2015（6）：3－24.

[5] Baptista R.，Stwann G. M. P.. Do fines in clusters innovate more?[J]. Research Policy，1998（27）：525－540.

[6] Sri Herliana. Regional Innovation Cluster for Small and Medium Enterprises（SME）：A Triple Helix Concept [J]. Procedia － Social and Behavioral Sciences，2015，169（1）：151－160.

[7] Cooke，Schienstock. Structural etitiveness and Learning Region [J]. Enterprise and Innovation Management Studies. 2000，1（3）：265－280.

[8] Heim B. T.，Isaksen A.. Regional Innovation Systems：The Integration of Local“Sticky”and Global“Ubiquitous”Knowledge [J]. Journal of Technology

Transfer. 2002 (27): 77 -86.

[9] Hite J M, Hesterly W S. The evolution of fine networks: from emergence to early growth of the firm [J] . Strategic Management Journal, 2001, 22 (3): 275 - 286.

[10] Jones O, Steve C. Fred S. Social Interaction and Organizational Change: Aston Perspectives on Innovation Networks [M] . London: Imperial College Press, 2001.

[11] Bell G G. Clusters, networks and firm innovativeness [J]. Strategic Management Journal, 2005 (26): 287 -295.

[12] Valentina Gerasimova, Sergey Mokichev, Sergey Mokichev. Regional innovation cluster as a center of an innovative person formation [J]. Procedia Economics and Finance, 2014, 15 (4): 635 -642.

[13] Luciana Lazzeretti, Francesco Capone. How proximity matters in innovation networks dynamics along the cluster evolution. A study of the high technology applied to cultural goods [J]. Journal of Business Research, 2016, 69 (12): 5855 -5865.

[14] Boschma R A, Weating R. The spatial evolution of the British automobile industry: does location matter? [J]. Industrial and Corporate Change, 2007, 16 (2): 213 -238.

[15] Boschma R A, Iammarino S. Related variety, trade linkages, and regional growth in Italy [J]. Economic Geography, 2009, 85 (3): 289 -311.

[16] Cristóbal Casanueva, Ignacio Castro, José L. Galán. Informational networks and innovation in mature industrial clusters [J]. Journal of Business Research, 2013, 66 (5): 603 -613.

[17] Cassandra C. Wang, George C. S. Lin. Geography of knowledge sourcing, heterogeneity of knowledge carriers and innovation of clustering firms: evidence from China's software enterprises [J]. Habitat International, 2018, 71 (1): 60 -69.

[18] Jinho Choi, Ahn Sang - Hyun, Min - Seok Cha. The effects of network characteristics on performance of innovation clusters [J]. Expert Systems with Applications, 2013, 40 (11): 4511 -4518.

[19] Tayfun Y1ld1z, Zafer Aykanat. Clustering and Innovation Concepts and Innovative Clusters: An Application on Technoparks in Turkey [J]. Procedia Social and Behavioral Sciences, 2015, 195 (7): 1196 -1205.

[20] Niusha Esmaeilpoorarabi, Tan Yigitcanlar, Mirko Guaralda. Place quality in innovation clusters: An empirical analysis of global best practices from Singapore, Helsinki, New York, and Sydney [J]. Cities, 2018, 74 (4): 156 -168.

[21] 刘友金．互联网与集群式创新[J]. 常德师范学院学报（社会科学版），2002（2）：36 -38.

[22] 刘春芝，丁玲，夏晓蕊．集群式创新：提升辽宁装备制造业竞争力的路径探析[J]. 沈阳师范大学学报（社会科学版），2008（6）：5 -8.

[23] 张新杰，产业集群的网络式创新机制研究：综述、分析与展望[J]. 经济学动态，2009（2）：88 -91.

[24] 石明虹，胡茉．集群式创新的路径选择研究[J]. 科学学与科学技术管理，2013（11）：53 -59.

[25] Yu -Shan Chen, Ming -Ji James Lin, Ching -Hsun Chang, Fang -Mei Liu. Technological innovations and industry clustering in the bicycle industry in Taiwan [J]. Technology in Society, 2009, 31 (3): 207 -217.

[26] 范群林等．创新网络结构嵌入性与群内企业创新能力关系研究——以四川德阳装备制造业集群为例[J]. 研究与发展管理，2011（6）：35 -44.

[27] 李慧．复杂装备制造业集群创新网络研究及启示[J]. 科学学与科学技术管理，2012（11）：52 -61.

[28] 邵云飞，周敏，王思梦．集群网络整体结构特征对集群创新能力的影响——基于德阳装备制造业集群的实证研究[J]. 系统工程，2013（5）：85 -91.

［29］高菲，俞竹超，江山．多核式中卫型产业集群的网络结构分析——以沈阳装备制造业集群为例［J］．产经评论，2014（5）：63－77.

［30］吕国庆，曾刚，马双，刘刚．产业集群创新网络的演化分析——以东营市石油装备制造业为例［J］．科学学研究，2014（9）：1423－1430.

［31］唐书林，肖振红，苑婧婷．网络模仿、集群结构和产学研区域协同创新研究：来自中国三大海洋装备制造业集群的经验证据［J］．管理工程学报，2016（4）：34－44.

［32］朱秀梅．高技术企业集群式创新机理实证研究［J］．管理科学学报，2009（4）：75－82.

［33］张勇军，陈伟，郎益夫．知识管理视角下集群网络企业竞争优势提升研究——来自黑龙江装备制造业企业的证据［J］．情报杂志，2013（2）：128－134.

［34］姜明君，杨姝，张永宾．装备制造业集群知识管理模式研究［J］．管理评论，2014（3）：139－150.

［35］侯广辉．不确定性条件下的集群式创新：制度变迁与资源配置［J］．当代经济管理，2016（8）：24－29.

［36］尹贻梅，刘志高，刘卫东．路径依赖理论及其地方经济发展隐喻［J］．地理研究，2012，31（5）：782－791.

［37］孟令岩，陆朱，郭浩淼．产业集群对技术创新扩散的影响及对辽宁装备制造业的启示［J］．改革与战略，2012（1）：144－146.

［38］Yuan－Chieh Chang，Min－Nan Chen. Service regime and innovation clusters：An empirical study from service firms in Taiwan［J］. Research Policy，2016，45（9）：1845－1857.

［39］林兰．重化工业集群式创新机制与空间响应研究［J］．地理学报，2016（8）：1400－1415.

［40］徐子青．区域联动发展指标体系与评价方法探讨［J］．福建师范大学学报（哲学社会科学版），2009（2）：34－41.

［41］林兰，叶森，曾刚．长江三角洲区域产业联动发展研究[J]. 经济地理，2010（1）：6－11.

［42］林建永，余鑫星，陈俊兰．长三角两省一市（苏浙沪）装备制造业现状研究[J]. 华东经济管理，2011（9）：18－24.

［43］王海飞．双核结构视角下的区域空间联动模式研究——以兰州—西宁经济区为例[J]. 城市发展研究，2013（3）：80－85.

［44］许露元，邹忠全．"一带一路"背景下产业集群跨国合作网络的演化——广西与越南装备制造业集群的实证研究[J]. 中国科技论坛，2018（7）：172－179.

［45］简晓彬．制造业价值链攀升机理及路径研究［M］．北京：经济科学出版社，2017：229.

［46］李凯，李世杰．装备制造业集群耦合结构：一个产业集群研究的新视角[J]. 中国工业经济，2005（2）：51－57.

［47］Porter M. E. Clusters and New Economics of Competition［J］. Harvard Business Review，1998，76（6）：77－90.

［48］鲁开垠．产业集群社会网络的根植性与核心能力研究[J]. 广东社会科学，2006（2）：42.

［49］魏守华，王缉慈，赵雅沁．产业集群：新型区域经济发展理论[J]. 经济经纬，2002（2）：18－21.

［50］王岩岩，吴凡，李雪，陈蓉．产业创新理论下跨境电商运行机制研究[J]. 商业经济研究，2016（12）：65－67.

［51］彭勃，雷家骕．基于产业创新系统理论的我国大飞机产业发展分析[J]. 中国软科学，2011（8）：41－47.

［52］Malerba F and Mani S. Sectoral Systems of Innovaton and Production in Developing Countries［M］. UK：Edward Elgar Publishing Limited，2009：6－11.

［53］Malerba F. Sectoral Systems of Innovation：Concepts，Issues and Analyses of Six Major Sectors in Europe［M］. UK：Cambridge University Press，2004：3－10.

［54］严潮斌. 产业创新：提升产业竞争力的战略选择［J］. 北京邮电大学学报（社会科学版），1999（3）：6－10.

［55］管顺丰，徐文广，祁华清. 产业创新理论研究与实证分析［M］. 武汉：湖北人民出版社，2005.

［56］刘友金. 集群式创新与创新能力集成——一个培育中小企业自主创新能力的战略新视角［J］. 中国工业经济，2006（11）：22－29.

［57］刘友金. 中小企业集群式创新研究［D］. 哈尔滨工程大学博士学位论文，2002：21－25.

［58］叶文忠. 基于集群式创新优势的区域国际竞争力研究［D］. 湖南大学博士学位论文，2007：37－40.

［59］王海飞，张志强. 基于区域联动视角的兰州—西宁经济区的崛起［J］. 甘肃社会科学，2012（1）：194－198.

［60］杜军，鄢波，王许兵. 广东海洋产业集群集聚水平测度及比较研究［J］. 科技进步与对策，2016（7）：57－62.

［61］李焱，黄庆波. FDI对产业集群影响的实证分析——以辽宁装备制造业为例［J］. 科技管理研究，2013（5）：167－171.

［62］王香花，张伟婷，苏彩平. 基于区位熵与集中度的山西省林业产业集群测度［J］. 林业经济，2015（10）：71－74.

［63］卫志民. 微观经济学［M］. 北京：高等教育出版社，2011.

［64］戴平生. 区位基尼系数的计算、性质及其应用［J］. 数量经济技术经济研究，2015（7）：149－161.

［65］敬莉，张晓东. 西北五省区产业集聚与经济增长的实证分析——基于空间基尼系数的测度［J］. 开发研究，2013（2）：1－5.

［66］崔小娜. 中国20个制造行业产业集聚发展趋势——基于EG指数的实证分析［J］. 经济研究导刊，2013（30）：35－37.

[67] 侯祥鹏．长三角地区装备制造业比较优势及其影响因素研究[J]．现代经济探讨，2013（3）：49－53.

[68] 黄山松，谭清美．不同要素密集型制造业创新效率变动的实证分析——基于 DEA－Malmquist 指数方法[J]．武汉理工大学学报（社会科学版），2011（1）：27－33.

[69] Fare R，Grosskop S，Norris F M，et a1. Productivity growth，technical progress and efficiency changes in industrialized countries [J]. American Economic Review，1994（84）：69－82.

[70] 白俊红，王林东．价值链视角下中国区域创新效率的空间收敛性研究[J]．南大商学评论，2015，（3）：29－48.

[71] 简晓彬，仇方道，车冰清．我国制造业价值链攀升效率的区域分异及空间收敛性[J]．经济地理，2016（11）：100－108.

[72] 聂裕鹏．我国工程机械产品拓展海外市场的成功经验及启示——以徐工集团的成功经验为例[J]．对外经贸实务，2013（7）：49－52.

[73] 李凯娜，刘刚．徐工集团荣膺中国工业大奖[J]．工程机械，2014（6）：87.

[74] 沈和，古晶．中国制造走向世界的领头羊——徐工集团三十年创新实践与启示[J]．中国发展观察，2018（22）：48－52.

[75] 朱秀峰．产业集群内的集体学习机制[J]．经济研究导刊，2010（3）：66－67.

[76] 林聚任．社会网络分析：理论、方法与应用［M］．北京：北京师范大学出版社，2009.

[77] 张启亮．徐工集团的服务化探索与创新[J]．机器人产业，2015（4）：58－63.

[78] 王济武．集群式创新理论与实践［M］．北京：清华大学出版社，2016.

［79］刘国巍．产学研合作创新网络的内涵、基本结构与测度[J]. 管理现代化，2015（1）：61 –63.

［80］付俊超．产学研合作运行机制与绩效评价研究［D］．中国地质大学博士学位论文，2013：18 –21.

［81］庄涛，吴洪．基于专利数据的我国官产学研三螺旋测度研究——兼论政府在产学研合作中的作用[J]. 管理世界，2013（8）：175 –176.

［82］黄庆德，戴强，胡登峰．基于政府角色定位的我国产学研合作促进机制研究[J]. 科技进步与对策，2012（22）：137 –139.

［83］王晶晶．江苏省风电装备制造业知识产权问题研究［D］．东南大学硕士学位论文，2010：22 –23.

［84］刘庆华．产学研合作机制及发展模式初探[J]. 科技管理研究，2009（9）：68 –70.

［85］李晓军，王金．产学研合作与联盟机制在我国发展模式的研究[J]. 软科学，2012（9）：66 –68.

［86］徐巧玲．科技投入产出的相对效率评价研究——基于 DEA 的 BCC 模型与 SE – CCR 模型的分析[J]. 科技管理研究，2014（1）：66 –70.

［87］郑彦．产业集群组织模式与集群内企业合作创新的互动机制研究[J]. 经济经纬，2006（1）：35 –37.

［88］张静．南京江宁汽车产业集群及其竞争力研究［D］．东南大学硕士学位论文，2010：15 –16.

［89］王继博．重庆市汽车产业集群竞争力研究［D］．重庆工商大学硕士学位论文，2015：10 –11.

［90］时亚静．集群中小企业协同创新网络的演进路径研究［D］．大连理工大学硕士学位论文，2013：10 –17.

［91］于众．美国中小企业集群发展问题研究［D］．吉林大学博士学位论文．2016：30 –31.

[92] 王梓童，章成帅，崔治文．科技型中小企业协同创新模式特征及优化——以中关村示范区为例[J]. 学术界，2015（8）：239－244.

[93] 王建平．“互联网＋”催生装备制造新业态［N］．中国能源报，2015－4－16.

[94] 何影．利益共享实现机制中的利益整合及其运作方式[J]. 前沿，2009（11）：10－12.

[95] 李林，肖玉超．基于产业集群的产学研战略联盟合作机制构建研究[J]. 重庆大学学报（社会科学版），2010（2）：11－15.

[96] 庞丽娟．用“制造精神”引领“中国制造”［N］．光明日报，2015－11－02.

[97] 董建锴．工匠精神的内涵及其培育[J]. 西安财经学院学报，2010（3）：123－126.

[98] 李宏伟，别应龙．工匠精神的历史传承与当代培育[J]. 自然辩证法研究，2015（8）：54－59.

[99] 肖群忠，刘永春．工匠精神及其当代价值[J]. 湖南社会科学，2015（6）：6－10.

[100] 冯淼，杨柳．美国“金融精神”取代“工匠精神”的失败[J]. 当代经济研究，2009（11）：60－63.

[101] 付成双．试论美国工业化的起源[J]. 世界历史，2011（1）：44－56.

[102] 道格拉斯·诺思（Douglas C. North）．美国的经济增长 1790—1860［M］. W. W. Norton & Company. Inc. 1966.

[103] 里亚·格林菲尔德．资本主义精神：民族主义与经济增长［M］．上海：上海人民出版社，2004.

[104] 丁建弘．发达国家的现代化道路——一种历史社会学的研究［M］．北京：北京大学出版社，1999.

[105] 汪中求．日本工匠精神：一生专注做一事［N］. 解放日报，2015－8－17.

［106］葛树荣，陈俊飞．德国制造业文化的启示［J］．企业文明，2011（8）：24－27.

［107］陈俊森，樊葳葳．外国文化与交际［M］．武汉：华中理工大学出版社，2000.

［108］青木，李珍，丁雨晴，屠丽美．德日“工匠精神”，中国怎么学［N］．环球时报，2016－3－10.

［109］郑渝川．向日本“国宝”企业学工匠精神［J］．销售与市场（评论版），2015（11）：53.

［110］郑敬高．农耕文明的早熟与中国古代国家政体［J］．江汉论坛，1988（1）：49－54.

［111］邵传林，张存刚．历史因素、制度变迁与现代商业精神［J］．浙江工商大学学报，2015（3）：81－92.

［112］成思危．虚拟经济与金融危机［J］．管理科学学报，1999（1）：1－6.

［113］刘骏民．虚拟经济的经济学［J］．开放导报，2008（6）：5－11.

［114］刘骏民，王兴．美国货币政策冲击的非对称影响分析——基于实体经济和虚拟经济二分法的视角［J］．当代财经，2014（9）：55－63.

［115］刘志彪．从全球价值链转向全球创新链：新常态下中国产业发展新动力［J］．学术月刊，2015（2）：5－14.

［116］成思危．虚拟经济与金融危机［J］．管理评论，2003（1）：4－10.

［117］王双正．加快推进我国工业化进程［J］．宏观经济管理，2013（8）：28－29.

［118］杜德瑞，王品，杨李娟．工业化进程视角下的生产性服务业影响因素研究——基于全国2002～2011年31个省市面板数据分析［J］．上海经济研究，2014（1）：3－17.

［119］黄群慧，韵江，李芳芳．工业化蓝皮书：“一带一路”沿线国家工业化进程报告［M］．北京：社会科学文献出版社，2015.

[120] 郎志慧．重拾中国工匠精神 [N]．河南日报，2015－9－30.

[121] 罗文．从战略上推动我国先进制造业发展[J]. 求是，2014 (10)：22－24.

[122] 于波，李平华．先进制造业的内涵分析[J]. 南京财经大学学报，2010 (6)：23－27.

[123] 黄晖．宁波发展先进制造业的行业选择[J]. 经济地理，2011 (3)：458－463.

[124] 黄烨菁．何为“先进制造业”？——对一个模糊概念的学术梳理[J]. 学术月刊，2010 (7)：87－93.

[125] 陈林，邓晓锋．广东加快转变经济发展方式干部培训系列读本之二：先进制造业基础知识 [M]．广州：广东经济出版社，2010 年第 1 版.

[126] 董锡健．“先进制造业基地”的考量指标与特征[J]. 上海企业，2012 (12)：26－28.

[127] 陈羽，邝国良．“产业升级”的理论内核及研究思路述评[J]. 改革，2009 (10)：85－89.

[128] 张耀辉．产业创新：新经济下的产业升级模式[J]. 数量经济技术经济研究，2002 (1)：14－17.

[129] Gereffi, G., International Trade and Industrial Upgrading in the Apparel Commodity Chain [J]. Jouranl of International Economics, 1999, 1 (48): 37－70.

[130] Poter, M. E.: Clusters and new economics competition [J]. Harvard Business Review, 1998 (11): 116.

[131] 罗士喜．产业集群理论视角下先进制造业基地建设研究——以中原城市群为例[J]. 平顶山学院学报，2007 (5)：1－5.

[132] 李慧凤．西方资源环境经济理论评介[J]. 商业时代，2006 (33)：12－13.

[133] 彭新武．试论现代管理理论中的“二元对立”问题[J]. 中国人民大学学报，2009 (3)：105－111.

[134] 刘明达，顾强．从供给侧改革看先进制造业的创新发展——世界各主

要经济体的比较及其对我国的启示[J]. 经济社会体制比较，2016 (1)：19 –29.

[135] 甄炳禧. 智能制造与国家创新体系——美国发展先进制造业的举措及启示[J]. 人民论坛·学术前沿，2015 (11)：27 –39.

[136] 叶秀敏. 基于“工业 4.0 冶的智慧企业特征分析[J]. 北京工业大学学报（社会科学版），2015，(1)：15 –20.

[137] 王德显，王跃生. 美德先进制造业发展战略运行机制及其启示[J]. 中州学科. 2016 (2)：33 –37.

[138] 林汉川，汤临佳. 新一轮产业革命的全局战略分析——各国智能制造发展动向概览[J]. 人民论坛·学术前沿，2015 (11)：62 –75.

[139] 吴晓波，吴东，周浩军. 基于产业升级的先进制造业理论模型研究[J]. 自然辩证法研究，2011 (5)：62 –67.

[140] 简晓彬，陈宏伟. 先进制造业的培育机制及路径——以江苏省为[J]. 科技管理研究，2018 (7)：148 –156.

[141] 郭巍，林汉川. 北京市发展先进制造业的行业评析与研究[J]. 北京工商大学学报（社会科学版），2010 (6)：103 –109.

[142] 广东省统计局（朱遂文撰文）. 广东先进制造业的行业界定和实证分析（广东工业统计年鉴 2010）[M]. 北京：中国统计出版社，2010：3 –27.

[143] 沈坤荣，徐礼伯. 美国“再工业化”与江苏产业结构转型升级[J]. 江海学科，2013 (1)：219 –226.

[144] 李政. 国有企业提高自主创新能力的制约因素与驱动机制[J]. 学习与探索，2013 (7)：106 –110.

[145] Yoshio Kondo. Innovation Versus Standardization [J]. The TQM Magazine, 2000, (9): 6 –10.

[146] David P. A., Greenstein S.. The Economics of Compatibilitv Standards: an Introduction to Resent Research [J]. Economic of Innovation and New Technology, 1990 (1): 3 –41.

［147］ Daron Acem oglu，Gino Gancia，Fabrizio Zihbotti. Competing Engines of Growth：Innovation and Standardization［J］. Journal of Economcis Theory，2012，147（3）：570－601.

［148］ 舒辉．基于标准形成机制的技术创新模式分析［J］. 当代财经，2013（9）：72－79.

［149］ 张幼文，梁军．要素集聚与中国在世界经济中的地位［J］. 学术月刊，2007（3）：74－82.

［150］ 梁琦，黄利春．要素集聚的产业地理效应［J］. 广东社会科学，2014（4）：5－13.

［151］ 高丽娜，蒋伏心．创新要素集聚与扩散的经济增长效应分析——以江苏宁镇扬地区为例［J］. 南京社会科学，2011（10）：30－36.

［152］ 简晓彬，周敏．开放条件下制造业价值链攀升的影响因素研究——基于江苏制造业行业面板数据的分析［J］. 商业经济与管理，2013（1）：58－69.

［153］ 高洪深．区域经济学［M］．北京：中国人民大学出版社，2002：180－184.

［154］ 谈文琦．中国东西部经济合作的产业对接模式研究［D］．华东师范大学硕士学位论文，2006：27－35.

［155］ 刘钊．基于产业联动的区域经济协调发展机制研究［J］. 财会研究，2009（1）：74－77.

［156］ 沈正平，简晓彬，施同兵．产业地域联动的测度方法及其应用探讨［J］. 经济地理，2007（6）：952－956.

［157］ 薛海燕．江苏：区域互补 南北联动［N］．经济日报，2015－12－17.

［158］ 刘新争．区域产业联动与产业转移——基于内生比较优势的视角［J］. 江汉论坛，2016（12）：43－47.

［159］ 易秋平，刘友金，唐志军．地方政府竞争下的产业转移空间失配及其调控措施［J］. 湖南社会科学，2014（1）：119－123.

[160] 李祯．区域产业结构趋同的制度性诱因与策略选择[J]．经济学动态，2012（11）：63－68.

[161] 江世银．区域产业结构调整与主导产业选择研究［M］．上海：上海三联书店，上海人民出版社，2004：29－33.

[162] 陈一鸣，吴艳．战略性新兴产业基地知识共享研究[J]．财经理论与实践（双月刊），2013（4）：84－88.

[163] 刘宁宁．区域产业联动的内涵与机制探析[J]．理论前沿，2009（6）：22－23.

[164] 李媛，王彧琳，邱克强．基于产业联动的区域经济协作机制研究——以沈阳经济区为例[J]．沈阳工业大学学报（社会科学版），2012（4）：340－345.

[165] 纪立军，甄峰，孙中亚，熊丽芳．新型城镇化背景下区域产业联动发展研究[J]．小城镇建设，2013（5）：26－30.

[166] 刘霆，谭晓萍．跨区域流动要素对区域经济发展的影响[J]．经济地理，2009（4）：595－600.

[167] 张岩鸿，韩靓．区域联动的政府间合作实践分析——以珠三角一体化推进为例[J]．特区实践与理论，2013（4）：22－26.

附录1　2002年、2017年我国制造业行业分类标准对比

制造业行业分类两位数代码（大类）	《国民经济行业分类》（GB/T 4754—2002）	《国民经济行业分类》（GB/T 4754—2017）
13	农副食品加工业	农副食品加工业
14	食品制造业	食品制造业
15	饮料制造业	酒、饮料和精制茶制造业
16	烟草制品业	烟草制品业
17	纺织业	纺织业
18	纺织服装、鞋、帽制造业	纺织服装、服饰业
19	皮革、毛皮、羽毛（绒）及其制品业	皮革、毛皮、羽毛及其制品和制鞋业
20	木材加工及木、竹、藤、棕、草制品业	木材加工和木、竹、藤、棕、草制品业
21	家具制造业	家具制造业
22	造纸及纸制品业	造纸和纸制品业
23	印刷业和记录媒介的复制	印刷和记录媒介复制业
24	文教体育用品制造业	文教、工美、体育和娱乐用品制造业
25	石油加工、炼焦及核燃料加工业	石油、煤炭及其他燃料加工业
26	化学原料及化学制品制造业	化学原料和化学制品制造业
27	医药制造业	医药制造业
28	化学纤维制造业	化学纤维制造业
29	橡胶制品业	橡胶和塑料制品业
30	塑料制品业	非金属矿物制品业
31	非金属矿物制品业	黑色金属冶炼和压延加工业

续表

制造业行业分类两位数代码（大类）	《国民经济行业分类》（GB/T 4754—2002）	《国民经济行业分类》（GB/T 4754—2017）
32	黑色金属冶炼及压延加工业	有色金属冶炼和压延加工业
33	有色金属冶炼及压延加工业	金属制品业
34	金属制品业	通用设备制造业
35	通用设备制造业	专用设备制造业
36	专用设备制造业	汽车制造业
37	交通运输设备制造业	铁路、船舶、航空航天和其他运输设备制造业
39/38	电气机械及器材制造业	电气机械和器材制造业
40/39	通信设备、计算机及其他电子设备制造业	计算机、通信和其他电子设备制造业
41/40	仪器仪表及文化、办公用机械制造业	仪器仪表制造业
42/41	工艺品及其他制造业	其他制造业
43/42	废弃资源和废旧材料回收加工业	废弃资源综合利用业
43		金属制品、机械和设备修理业

注：斜线两侧分别对应2002年、2017年行业分类代码。

附录2 “十三五”江苏装备制造业重点培育的产业集群

序号	产业集群	重点区域
1	智能制造装备产业集群	南京、常州、扬州、南通、苏州、无锡
2	先进轨道交通装备产业集群	常州、南京
3	航空装备产业集群	镇江、南京、无锡、常州
4	电子信息装备产业集群	无锡、南京、苏州
5	新型电力装备产业集群	南京、苏州、常州、南通、镇江、连云港
6	节能型与新能源汽车产业集群	南京、苏州、常州、盐城、扬州
7	工程机械产业集群	徐州、常州、苏州
8	海洋工程装备与高科技船舶产业集群	南通、泰州、扬州
9	新型农机产业集群	常州、镇江、泰州、盐城、连云港、扬州
10	节能环保装备产业集群	无锡、盐城、苏州、南京、南通
11	石化装备产业集群	南京、苏州、盐城、淮安
12	纺织机械产业集群	常州、盐城、宿迁

后　记

本书是在笔者主持承担的江苏省软科学研究计划项目“江苏装备制造业的集群式创新与区域联动研究对策”（BR2017004）的基础上，综合笔者承担的教育部人文社科规划基金项目、江苏省社会科学基金项目、江苏省社科应用研究精品工程重点课题等系列成果修改而成的一部学术专著。从关注实践、发现问题、阅读文献、申报课题、获准立项，到发表系列论文、撰写结题报告、组织专家评审、项目验收结题，再到专著的反复修改和最终出版，前后历时 4 年，既是一个在自己关注领域潜心学术耕耘的过程，也是一个认真梳理自我学术成长的过程。这或许就是学术之路的基本历程，摸索中跟进而不舍初衷。

感谢江苏师范大学“一带一路”研究院执行院长、汇海发展研究院院长沈正平教授在项目申报及本书出版过程中给予的指导和帮助，感谢江苏师范大学地理测绘与城乡规划学院副院长仇方道教授在项目申报及课题研究中给予的指导和帮助，感谢江苏师范大学“一带一路”研究院、汇海发展研究院车冰清副教授、陈宏伟博士、陈伟博博士、赵洁博士在项目申报、资料收集及课题研究中给予的大量帮助，他们为本书的写作、修改及出版提出了诸多宝贵意见，在此谨向他们表示诚挚的谢意！

本书得到教育部人文社科基金项目“新常态下制造业价值链攀升机理及路径研究”（15YJA630021）、江苏省软科学研究计划项目“江苏装备制造业的集群式创新与区域联动对策研究”（BR2017004）、江苏省哲学社会科学基金项目“生态优先战略下苏北工业化发展路径研究”（17EYB003）、江苏省社科应用研究精品工程重点课题“江苏先进制造业基地培育机制及路径研究”（16SYA－010）和江苏省重点培育智库——江苏师范大学“一带一路”研究院、江苏省淮海发展研究基地以及江苏区域协调发展研究基地的共同资助。感谢为本书贡献才智的各位专家学者，他们的有关研究成果和若干思想观点已经直接或间接地被引用到本书中，但限于篇幅而并没有被逐一加以注释或列入参考文献中。感谢经济管理出版社何蒂老师为本书出版提供的大量帮助。

最后要感谢我的家人，感谢你们的理解、大力支持和帮助，才使我顺利地完成本书的修改和出版。

简晓彬

2019 年 8 月于江苏师范大学